培养
终身学习的
孩子

尼可 著 ————

机械工业出版社
CHINA MACHINE PRESS

本书以学习的三个维度为主线，从学习的原理入手，通过阐述如何培养孩子的积极学习情绪、促进孩子的优势性格发展，以及怎样学习才能使孩子在未来有蓬勃的生长力，揭示孩子学习的本质、学习的规律，为家长提供培养孩子内驱力的方法，让孩子能够真正爱上学习，并成为终身学习者。

图书在版编目（CIP）数据

培养终身学习的孩子／尼可著. —北京：机械工业出版社，2021. 12

ISBN 978 - 7 - 111 - 69452 - 6

Ⅰ.①培… Ⅱ.①尼… Ⅲ.①学习方法—家庭教育

Ⅳ.①G791②G78

中国版本图书馆 CIP 数据核字（2021）第 215760 号

机械工业出版社（北京市百万庄大街 22 号 邮政编码 100037）

策划编辑：刘春晨 　　　　　责任编辑：刘春晨
责任校对：李 伟 刘雅娜 　　封面设计：吕凤英
责任印制：李 昂

北京联兴盛业印刷股份有限公司印刷

2022 年 4 月第 1 版·第 1 次印刷

145mm×210mm·7. 25 印张·120 千字

标准书号：ISBN 978 - 7 - 111 - 69452 - 6

定价：59. 80 元

电话服务　　　　　　　　　　网络服务

客服电话：010-88361066　　　机 工 官 网：www. cmpbook. com

　　　　　010-88379833　　　机 工 官 博：weibo. com/cmp1952

　　　　　010-68326294　　　金 书 网：www. golden-book. com

封底无防伪标均为盗版　　　机工教育服务网：www. cmpedu. com

让火焰燃烧的
是木材之间的间隙
是一个呼吸的空间
过犹不及
紧密堆积
会压住火
让火熄灭
因此，生火
需要一种特殊的方式
关注木头
关注木头之间的空间
让火焰
可点燃
可成长
可以呼吸。

——朱迪·布朗

我曾参加过一场名为"信任的圆圈"（Circle of Trust）的工作坊。开首，我们一起读了一首名为《火》的诗。这首诗歌的字句特别简单，寓意却十分动人。作为一名老师，看到这首诗，仿佛看到了一位位焦虑的家长想要寻找的答案。

每天早上打开微信，关于如何培养孩子成为学霸、成为常春藤苗子的推文，汹涌而至。在育儿群里，如何让孩子爱上学习，为何孩子学不会英文，怎么才能考出高分等问题，日复一日地冒出来。自媒体里有通过各种方式试图将孩子送进藤校的"顺义妈妈"；有每天放学后，来不及吃饭就奔向兴趣班的"海淀黄庄"的孩子和家长们。

在这样的环境里，该如何真正看到学习的本质，相信孩子与生俱来的学习能力，成为会思考、能够独立选择的家长呢？

作为一名深耕教育的英文老师，在进入宾夕法尼亚大学人类发展专业之后，才发现，原来关于学习的本质，人类发展学和教育理论早就做了很多研究和实践，可以帮助家长和教育工作者们在繁杂的信息中，梳理自己的所思所想，知道如何做以及为何这样做。

于是，2018 年毕业归国后，我开始了关于学习成长的研究和分享，也因此诞生了这本书。

这本书萌芽于一个美好的早上。

我和一群妈妈分享学习力的理论和实践。我们发现，学习是关乎孩子自身的行为，忽略孩子本身的任何学习方法都是误导。正如前面的那首诗所讲，"关注木头""关注木头的空间"，才能生出熊熊大火。

孩子的学习也是一样的。关注孩子本身，相信孩子的学习能力，是开启真正高效学习之路的前提。有的父母可能会问，只是信任就可以放手不管吗？信任可以让孩子得高分、考名校？信任孩子当然不是什么都不做，信任本身就是最好的教育方式。只有深深地信任孩子，我们才有可能做出正确的选择。

内驱力理论的提出者爱德华·德西和理查德·瑞安说："每个孩子都是天生的学习者。"在我们关注"学习"这个话题的时候，如果我们并不信任孩子自己的学习能力，那么一切都是白费。

每个孩子自呱呱坠地之时，就对这个世界充满好奇，不断地挑战自我，不断地学习着。为何随着长大，有的孩子渐渐失去了学习的兴趣和动力呢？也许是因为我们以大人的视角看待孩子的学习，不了解孩子的成长规律，挫伤了他们的积极性；也许是我们并未深入地理解，一个人怎样才会动力满满地不断成长。

所以，在本书中，我希望和家长一起来厘清学习的本质、学习的规律，以及真正的学习和孩子成长的关系。

第一章将从人类发展的视角去看孩子的学习，从一个人学习的两大重要时期——儿童时期和青少年时期进行分析，哪些方式可以激发孩子的学习，哪些行为可能会挫伤孩子的学习积极性。

第二章从学习的第一维度——学习的原理入手，分析家长平常最关注的学习方法和策略，以及孩子在学科学习和跨学科学习中的一些方法。

第三章到第五章是学习的第二维度——学习情绪。这一维度是经常被家长和老师忽略的一层，却对学习起着至关重要的作用。这部分将探讨如何培养孩子的积极情绪，促进孩子的学习能力发展；如何让孩子体验心流，爱上学习；最重要的是，如何通过内驱力的模型，培养一个有动力的学习者。

第六章到第八章是学习的第三维度——性格发展。这一维度是家庭和学校都甚为忽略的，却是塑造一个健康、成功个体的关键。性格发展是积极心理学的重要领域，指的是如何通过培养孩子的优势性格，获得学习的成功体验，进而关注他人与社会，成为一个有使命感的学习者。这将有助于孩子成长为一个关注社会的终身学习的人。

第九章是对时间维度的关注。随着 AI 时代到来，现在的学科知识可能在未来会被替代，在这种情况下，我们应该如何看待当下的学习呢？哪些关键能力会让孩子在未来有蓬勃的生长力呢？这些问题都会在这一章进行探讨。

儿童
吸取有关世界的知识

学习方法和策略

学习的
三个维度

学习情绪

青少年
自我探索与身份认同

性格发展

成年
深化职业热情

相信每个孩子都是天生的学习者

　　通过这本书的讨论，希望每一位家长都可以关注孩子本身的成长规律，深刻理解学习的本质和规律，陪伴孩子开启有质量的学习之路。

　　更期待家长在翻开这本书的时候，能够好好看看自己身边的那个眼睛充满光芒的小精灵。孩子的眼睛里有着探索世界的渴望，身体里蕴藏着无限的力量，当然偶尔他们也会不知所措。可是你，作为他最信任的人，需要的是给予他无限的信任，相信他可以成长为一个热忱、有力量、能够实现自我的人。

　　如果这一切能够达成，那么，这本书的意义，就是无限的。

　　期待与你开启有力量、有质量的学习之路。

尼可

于杭州

目　录

02 成为学霸到底有没有"套路"
高效学习的方法和策略

真正会学习的孩子，不是仅仅考试好的孩子。有自己高效的学习方法和策略，比考试得高分重要得多。有哪些方法和策略可以应用到不同的学习中呢？家长在这个过程中，可以给到孩子怎样的支持呢？

03 快乐的孩子和不快乐的孩子，谁学得好
积极情绪对孩子的学习起关键作用

孩子不是学习机器，而是有喜怒哀乐的小人儿。在孩子的学习过程中，情绪起着极其重要的作用。一个快乐的孩子，才会高效学习、享受学习。培养有积极情绪的孩子，是培养终身学习的孩子的重要一步。

04 学习真的能使孩子快乐吗
心流体验帮助孩子爱上学习

认知决定行为。如果家长对孩子学习认知的引导是"学习是快乐的"，那么孩子的学习兴趣和内驱力就会增强。心流体验会让孩子爱上学习，甚至上瘾。这不仅仅是理论，更是现实。

05 家长到底要不要"管"孩子学习
内驱力培养的关键

内驱力是终身学习的推动力。而内驱力和外驱力的差异往往被家长和老师忽略。厘清哪些行为能够培养孩子的内驱力,是非常重要的。在我们的文化中,可能"不管"才会真正有助于培养孩子的内驱力。

06 为什么孩子总是在关键时刻"掉链子"
性格是孩子学习最隐形的力量

性格对于学习来说,犹如冰山藏在水底的那庞大的部分,而学习只是冰山可以看到的一角。我们常说:"性格决定命运",美国的学术研究也证明"性格是一个人成功的关键"。那么,如何认知性格,培养孩子的优势性格,则是培养终身学习的孩子的核心。

07 学霸之路可以被无限"复制"吗

可以实操的方法：刻意练习

刻意练习是指勤学苦练吗？真正的刻意练习代表着高目标、强过程、有即时反馈的练习过程。刻意练习是引导孩子深度进入某一学习中，并成为高手的过程。这也是一个孩子真正喜欢某项技能，并取得卓越成就的方法。

08 为什么孩子越学越迷茫

与他人、与社会有联结的学习才有意义

一个人的学习与他人、与社会产生联结，才可能存在意义。使命感就是一个人的行为对世界产生影响的意义感。使命感缺失是很多孩子迷茫、抑郁，甚至患有严重的精神疾病的一个原因。使命感的培养应从家庭开始。

09 未来一切都不确定，该如何学

培养关键能力，成为终身学习者

当未来的不确定性成为现实的时候，家长不应该拼命地去抓确定性，而是应该着眼于"人"的独特性，尊重孩子的兴趣和激情，并引导孩子成为一个有使命感的终身学习者。

终身学习

01

为什么孩子没有按照你的"时间表"学习

理解孩子学习的规律和阶段性

皮亚杰认知发展规律 · 学习的定义 · 学习的维度

在做老师的十几年里，我经常遇到家长问以下几个问题：

"我家孩子学习的时候，为什么总是不能安静下来？"

"我家孩子为什么总是记不住英文单词？"

"我家孩子，为什么一点儿规划都没有？"

"我家孩子，为什么道理都懂，就是行动跟不上？"

这几个问题，虽然看起来都不一样，但从发展心理学的角度来看，本质上都是相似的问题。那就是，孩子的学习规律，并不是按照家长想的那样运行的。

儿童发展心理学家艾莉森·高普尼克在她的著作《孩子如何学习》中写道："成百上千的严谨科学研究揭示了婴儿和幼儿是如何思考与学习的。这些研究颠覆了我们对婴幼儿的认识，也颠覆了我们对人类心智和大脑本质的认识，并帮助我们解答了一些古老而又深刻的哲学问题。"

艾莉森·高普尼克作为一名儿童发展心理学家，抚养过三个自己的孩子和三个孙子，依然认为孩子的学习和发展有许多值得研究的领域。所以，家长在教育孩子的时候，难免摸不着头绪。

此时，家长需要做的并不是去找几位把孩子成功送到滕校的父母，复制他们的养育方式。因为每一个孩子的状态、所处的环境都是不一样的，没有可以完全复制的养育方式。正确的做法是尽可能去了解孩子在不同阶段的发展状态，同时，以开放的心态观察自己孩子的独特性，在此基础上，确立自己的养育方式。

哲学家柏拉图说："未经审视的生活，不值得过。"在本书里，我也想说："未经思考的教养方式，不值得去依照。"

本章内容将帮助家长通过研究科学的规律和理论，在实践和观察中发现适合自己孩子的养育方式，而不是舍本逐末，一味寻找所谓的教育"工具包"和"方法论"。同时，在这个过程中，深刻地理解和思考孩子的学习方式和成人的学习方式有何不同。

家长想要的时间表

在孩子出生之后，就有两条时间轴在围绕着他同时运行：一个是一天的时间轴，从早上到晚上；另一个是一生的时间轴，从儿童时期、青少年时期，到成年时期、老年时期。这两个时间轴在人的一生中相互交错，使人在其中发生着不同的成长和变化。

家长大多数时候只关注孩子每天的时间轴，而忽略了人生的时间轴对孩子的学习成长也发挥着巨大的作用。孩子的成长存在一定的规律和特点，家长如果逆规律而行，可能会起到反作用。

例如，经常有家长问我，为什么孩子学习时总是拖拉。起初，我并没有真正理解孩子"拖拉"这件事。从大人的角度来看，"拖拉"或者"拖延症"的核心原因可能有两种：第一，对所做的事情并不感兴趣，不太想做；第二，执行力不高，做事时无法专注，思前想后。但如果只从这两个原因看孩子的拖拉，似乎又不够客观。

关于孩子为什么拖拉，我是从一个5周岁的孩子身上找到答案的。

我姐姐家的儿子，5周岁的石头，暑假在我家住。连续几天，他都是家里起床最早的那个。起床后，他会自己在客厅里鼓捣东西。在我睡眼蒙眬地给他做早餐时，问他："石头，你知道你几点起床的吗？"石头满脸茫然。不过，他又试图认真地回答我的问题："小姨，我醒了就爬起来到客厅里做编程，编了一个游戏就饿了。这时候，你起来开始给我做早餐。"我接着问他，"那你编一个游戏，需要多长时间？"一向非常聪明的石头，又是满脸茫然。我看着他茫然的脸，突然明白了一件事情：他对时间的感觉，和我并不一样！

我的困惑一下子被解开了。虽然石头起床很早，似乎有大把的时间，但是他把时间都"浪费"在玩耍上了，以至于要出门的时候，还处于没有收拾好的"混乱"状态中。很显然，他并不会像大人一样，大脑中好像有一个"时钟"，提醒自己需要在几分钟内完成什么。

其实，对时间的理解和感受，不同年龄阶段的孩子是不一样的。婴儿对时间的感受没有那么敏锐，时间对于他们来说是肚子饿和吃饱的时刻。到了小学阶段，孩子需要按时去学校，定时上课，定时下课，这时他们才逐渐有了一小时、一分钟的感受。也就是说，孩子对时间的感受和家长是不同步的。因此，许多家长产生了孩子"拖拉""做事慢"的感受。

所以，关于时间，一方面我们要认识到，孩子和成人的感知方式是不一样的，不要刻板地用大人的方式去要求孩子；另一方面，从人类发展的角度来看，要理解和尊重孩子的成长规律。

人的成长是一生的，漫长的，而在这个"过度教养"的时代，揠苗助长的故事却不断发生。孩子的成长犹如一颗种子发芽、生长一般，是有着自己的节奏的。人类发展学家也早已经通过各种观察、研究和实验，明确了孩子每个阶段的成长状态以及核心任务等。

也就是说，人类的发展，同植物的生长一样，是有节律的。正如园丁需要了解一棵植物的生长规律，浇水施肥，支持植物的健康生长一样，家长也需要真正理解孩子的发展规律，再来支持孩子的成长。

然而许多家长并没有了解孩子的成长规律，而是以外在的要求，或者他们想要的样子，来修剪孩子的枝芽，不但没有让孩子在成长中发展到最优，反而让孩子受到了束缚。

特别是在学习上，其实很多学习方法并不适合每一个孩子，但许多家长却常常根据自己的经验给孩子制订"学习时间表"。不尊重孩子自身的发展规律，孩子怎么可能学好呢？

不同时期的学习方式

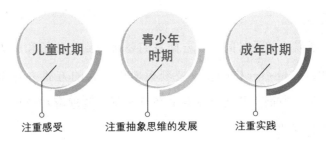

儿童时期	青少年时期	成年时期
注重感受	注重抽象思维的发展	注重实践

以儿童心理学家皮亚杰的理论为例，孩子在 6 岁之前，属于认知发展的前运算阶段。这是什么意思呢？运算阶段，可以理解为孩子可以自主思考和学习的阶段。那么，前运算阶段则代表，在这个阶段，孩子不能够脱离具体的内容和有形的物体来进行抽象思维。所以，当我们带孩子进行阅读时，最好阅读有图画的绘本，孩子可以通过图画进行理解。虽然在这个阶段，孩子对语言文字所有认识，但是，对抽象概念还很难理解。所以，如果我们和孩子读一个故事，却非要他讲出其中所蕴含的意义，对孩子来说就是勉为其难了。

以英语学习为例，有的家长总是以"大人"的理解方式教孩子。对于中国孩子来说，学习英语语法是一个抽象的过程。符号变化和意义变化，都是抽象的。因而，对于 10 岁以前的孩子，让他们记住语法规则，再去使用，是非常困难的。孩子学习英语的过程应该是沉浸式的、感受式的，并不是成人分析式、抽象化的过程。例如，"I love you, mom（我爱你，妈妈）"，这句话对于孩子来说，并不是大人眼中可拆分的"主谓宾"结构，而只是一个句子，一个可以自然输出的句子。孩子听过很多遍之后，自然就会使用了。

青少年时期的发展，则有另外的特点。这时孩子的抽象分析能力刚刚开始发展，主要控制规划思维的大脑前额叶并没有发育完全。所以，对于青少年来说，非常难办的是，他们可以理解很多事情，但是自控力和行动力并不匹配。因此，出现了让很多家长非常"痛心"的状态，说什么道理孩子都懂，就是做不到。如果家长能够理解青少年发展的规律，那么就可以释然了。青少年时期的孩子，只是大脑发育还没达到"看见未来"的能力而已。

归根结底，孩子的发展，遵循的是人类发展的科学规律，并不是按照家长自己期望的"时间表"进行的。

不了解人类发展的规律，只能在迷茫和焦虑中养育自己的孩子，因此会出现揠苗助长或者过度教养的现象，对孩子的发展百害而无一利。

一生的时间轴和一天的时间轴都对学习起着重要的作用。因为人类从出生就开始学习，学习是我们持续一生的行为，同时，我们会关注每天的学习安排。

那么，到底什么是学习呢？

学习是生命有机体的持久性能力改变的过程

首先，我们先来定义一下，什么是"学习"。

在和家长的分享互动中，我经常问家长："说起'学习'，大家会想到什么？""考试""语文、数学、英语""写作业"等都是高频词。在这里，我们讨论的起点应该是：什么是学习？作业等于学习吗？考试等于学习吗？

在认知心理学里，学习的定义多种多样。在本书中，我想采用丹麦著名认知心理学家克努兹·伊列雷斯在《我们如何学习》中的定义："发生于生命有机体中的任何导向持久性能力改变的过程。而且，这些过程的发生并不是单纯由于生理性成熟或衰老机制的原因。"

这个定义表面看起来有点拗口，我们来拆解几个关键词：生命有机体，持久性的，能力改变。

这是什么意思呢？人类作为生命有机体，会经历自然成熟、成长的过程。而学习强调的是持久的能力的提升。相应的，如果是人类自然的成熟发展，比如，一岁多，会走路了，不算学习。如果一个人第一天学了 10 个单词，第二天全部忘记了，这也不算真正的学习。通过训练，获得了打篮球的技能；通过练习，学会了开车；通过阅读，将世界历史的知识储存到大脑的长时记忆库里，这些都是学习。

大家常见的"学习"	真正的学习
背单词	可以在对话中使用词汇
写作业	增加了对知识的新理解
抄错题	理解为何出错，并修改
考试	通过考试找出自己不懂的知识点

从这个定义出发，我们来看看家长们常说的"学习"是不是真正的学习。作业，是学习的一个小环节或者手段，孩子是否能通过做作业获得真正的能力，要打一个大大的问号。很多孩子的作业是抄单词、抄错题，这个"抄"可能是无意识的，没有大脑神经连接的动作，因此对知识和思考能力的建构，可能没有任何意义。"考试"是对学习结果的一种检测，不是学习的过程，也不是学习的内容。除非考试可以给过去的学习一个真实的反馈，才可以算做学习的一个环节。家长其实很清楚，有很多考试，只提供了一个分数、排名。对于孩子来说，这只是一个评判，而没有获得具体的学习过程或者方法的反馈。

那么，不妨梳理和思考一下，孩子在一天中，哪些时间是真正的学习时间。

一个关于如何学习的模型

我们先对学习发生的过程做一个讨论。克努兹·伊列雷斯在《我们如何学习》一书中，提出了这样的一个维度模型。

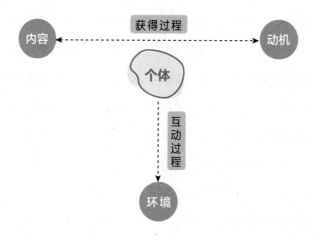

这张图想要表达的是什么意思呢？

在学习过程中，有三点是非常重要的：学习内容，学习动机和学习环境。以学习游泳为例，想要做好这件事情，不仅仅是去找个教练就可以了。学习的过程和效果，可能还会受到为什么想学游泳、泳池的环境等因素的影响。比如学习游泳的动机是为了减肥，但学了一周，发现体重没有什么变化，那么可能一感到累，或者要学习新动作时，就趁机放弃了。除此之外，才是学习的内容，如泳姿等基本的训练。

这个模型也可以帮助家长来厘清，在平时的教育中，我们关注了孩子的哪些方面，忽视了哪些方面。

不难发现，家长在说学习的时候，往往过度重视学习内容的输入，如让孩子读课文、背单词等，而忽视了孩子学习动机的产生，以及环境对孩子学习过程所产生的影响。

动机在每一个个体的学习中，都大有不同。如前文所述，儿童时期的学习目的是感受现实世界，青少年时期是建立自我身份，成年时期是实现人生目标。目标不同，所产生的学习动机就会不同。再具体到每个孩子身上，因为所处的家庭、学校的环境不同，孩子的性格不同，学习动机更是大不相同。有的孩子纯粹因为喜欢某一学科而学习，有的孩子则因为喜欢某位老师而学习。学习动机在一个孩子的学习过程中起着巨大的作用。

环境是另外一个维度。一方面，环境指孩子学习时所处的环境，比如学校的氛围，是重视学科学习，还是重视孩子的天性发展，这会大大影响孩子对学习的认知。另一方面，学习并不是封闭的，而是在与他人、与环境互动的过程中进行的。《礼记·学记》中讲："独学而无友，则孤陋而寡闻"，也是在强调学习环境的重要性。

为什么家长要理解这个简洁的模型呢？

模型有助于我们在错综复杂的条件下，能够概括出一件事情最为重要的意义。下面以英语学习为例，运用这个模型来看看孩子学习时应该注意什么。

首先，学习内容的选择是非常有讲究的。是学习课本、背诵词汇或语法，还是阅读绘本？这都是内容的选择。如果我们把英语的学习目标定为能够理解英文故事，那么，我们应该选择阅读英文绘本，而不是找考试题来做。如果我们学习的目标是考高分，则需要练习考题。总而言之，选择内容是学习的第一步。

其次，学习动机是我们要不断讨论和思考的重要维度。家长"默认"孩子的学习动机是"成绩"，而孩子的学习动机却是"兴趣"。这个动机的差异，导致家长让孩子去上很多英语辅导班，而孩子却并不愿意。在短期内，看不出这对孩子有什么影响，但到了孩子 10 岁左右，家长便会发现，学习兴趣没有被关注到的孩子，开始出现厌学或者逃避的情况，这时候，其他学科的学习也会受到极大的影响。

对于特别小的孩子，学习动机的体现是情绪。如果孩子学习英语的过程是快乐的，就愿意去学；如果不开心，经常受到批评，即使能够很快地学会，也不会去学。有的家长会通过给孩子巧克力或者金钱等物质奖励来强化他们的学习动机，而不幸的是，这恰恰是摧毁孩子内在动机的方式。比如，如果孩子学完英语之后会获得一枚巧克力，那么当没有巧克力或他不想要巧克力的时候，就会失去对英语的兴趣。

最后，环境对语言学习的重要性是毫无疑问的。如果孩子在一个以英语为主的课堂环境中学习，那么他的学习动机和学习内容会自然地得到推动。反之，如果没有这样的语言环境，只关注考试，那么孩子对英语学习的认识和所能培养出的能力也会大大降低。语言学习是需要练习的、犯错的，所以从课堂环境考虑，一个开放的、允许尝试的环境，会促进孩子的学习，而一个刻板的、不给孩子试错机会的课堂，只会打消孩子的学习兴趣。在这个过程中，能够给到孩子支持和积极反馈的导师，是创造这个环境的关键。

通过这个模型，我们可以关注到学习的不同维度和方向，并进一步厘清，什么是真正的学习，如何真正学习。

儿童是个感觉体

作为一名热爱人类发展学的老师，深知学习并不是课堂教学那么简单。相反，学习是一个极其复杂的过程。儿童时期的学习状态与青少年时期截然不同，甚至是相反的。学习方式和方法都有很大区别。而在学校教育和家庭教育中，最大的误区便是，我们往往忽视了孩子在不同阶段学习方式的特点，一味地通过我们自己认知的学习方式来限制孩子的学习。

儿童为何学习？应该如何学习呢？

儿童心理学大师皮亚杰认为，儿童时期是人类通过学习知识和技能来认知这个世界的阶段，儿童在"努力捕捉这个世界"。他们的学习方式会随着不同成长阶段而变化，这也是为什么家长发现孩子在不同的年龄阶段，在学习能力上会有非常明显的不同。

儿童认知发展阶段及特征

大致年龄	阶段	特征	发展现象
0~2岁	感知运动	通过感官和行动体验世界	物质恒存概念、陌生人焦虑、假扮玩耍
2~7岁	前运算	以文字和图像表征事物	以自我为中心，语言发展
7~12岁	具体运算	有逻辑地思考具体内容：能够了解具体的、类比的含义	数字转换能力
12岁+	形式运算	思考抽象情形，处理抽象思维	抽象逻辑，有进行成熟的道德论证的潜能

0～2 岁的婴孩处于感知运动阶段。从阶段的名称我们就可以看出，在这个阶段，婴孩是通过爬、咬、抓以及摇摇晃晃地走等方式对外界进行认知的。随着能力的逐步提高，他们渐渐了解了周围的世界，认识什么是桌子，什么是玩具，什么是可以吃的，什么是不可以吃的。这个过程并不是像成人那样通过书本来学习的。

2～7 岁的儿童处于前运算阶段。这个阶段的名称稍微有点难理解。通俗来讲，运算就是孩子可以自主学习，具有建构能力。处于前运算阶段，即孩子在这个阶段可以通过直接的感受，或者"复制"，来理解世界，还不能进行深度的逻辑判断和加工。值得注意的是，这个阶段的孩子主要是通过视觉化的方式进行学习的，刚刚可以开始理解文字符号。

7～12 岁的孩子则进入了具体运算阶段。这里的具体是与抽象相对的。如果让这个阶段的孩子去读一个故事，他可以理解这个故事的情节，但如果脱离这个情节，让他去讲述学习到了什么道理，则是勉为其难的。因此，面对这个阶段的孩子，只讲道理是没有效果的。

综上所述，在儿童时期，孩子的学习方式是全景式的、感受式的，而非创意的、独立的。他们需要通过已有的学习能力来认识这个世界已经存在的现象和知识，进而认清这个庞大的世界。在此基础之上，他们才可能顺利地过渡到具有自我认知能力的青少年阶段。

青少年是思维者

青少年阶段的明显特征是，从儿童时期对世界的认知中，分离出自我成长所需要的内容，去建构独立的、独特的自我。这也是为什么，发展心理学对于青少年阶段的任务定义是"自我身份认同"。用非常简单的话来说，就是青少年要弄明白"我是谁"。也就是说，相对于儿童时期认知周边已经存在的世界，青少年的任务是分离自我与他人，可以在庞杂的、熙攘的世界中，找到自我内在与外在的统一点，从而形成一个内外统一的、稳定的个体。

在这个过程中，青少年的学习并不是稳定的、单线的。相反，他们需要多元的经历，来实现他们对自我和世界的边界探索。换句话说，青少年需要在试验、犯错和冒险的过程中，来确立自己的样子和可能成为的样子。

因而，想让这个阶段的孩子变得"乖乖"的，就只能是臆想，除非在前期大大压制了孩子自我探索的能力和欲望。然而，一旦这样，孩子便失去了能力和能量，也就难以成为一个独立的个体。

青少年的学习方式不再是"因循守旧"的，他们需要创造力，需要想象力，需要爆发力。**这才是他们探索边界的方式。**在学习上，并不是老师说，他们听，而是需要独立的表达。通过表达，他们可以锻炼自己的思维能力和思考能力。通过互动，他们可以深度了解他人的思考方式和认知方式，从而建构自己的思考方式。通过经历新的环境，他们可以调整自我行为和与环境的相处方式。通过与新的老师和同学的相处，可以发现和自己的家庭/父母不同的世界观和思维方式。

这些，并不是把青少年限制在教室之内可以做到的。

因而，在讲青少年的学习时，学习的维度被大大地扩展了。学习不仅仅是认知能力的提升，更是情绪管理能力的发展，以及对情感关系的认识。在冲突中，青少年开始理解个人与他人的边界；在自我喜好与社会需求中，青少年开始理解自我在现实世界中的定位。没有这些探索和发展，一个青少年很难成为一个有内在稳定感、不被现实的洪流带偏的成年人。

而我们往往用成年人的学习方式限制了儿童和青少年的学习。

相对来说，成年人的学习有明确的目标和目的性。这个目标可能是让自己的工作处于稳定的状态，也可能是希望成为一个什么样的人。在有目标导向的学习中，成年人会放弃很多儿童和青少年认为非常有意思的，有关艺术的、精神的，或者玩耍的内容，只愿意把时间花在他们认为有意义的、有用的内容上，对于其他内容则毫无兴趣。

有人可能会说，成年人也会进行艺术层面的学习啊。值得一提的是，孩子画画，是单纯的喜欢画画的过程，而大人画画，则是为了"静心"。从表面看，行为相似，而目标极其不同。我在带新老师的过程中，常常发现，新老师往往会问孩子为什么喜欢读书，为什么喜欢跳舞，而孩子们却哑口无言，因为对于孩子来说，喜欢某些东西，毫无目的。

学习的不同维度

在本书中，我将以发展心理学和认知科学为基础，来讨论学习这件事。即在讨论学习时，既要关注时间维度，关注孩子当下的学习对未来发展的影响，还需要关注在学习活动发生的过程中，孩子的身体情况、情绪状态等。

基于这样的基础，在结构上，我将学习分为三个维度：

学习的机能

学习的动机

学习的意志

第一，学习的机能。举一个很简单的例子，一辆车之所以能够发动，靠的是内燃机和其他部分的协作。这是基本的机能。在一个人的学习中，最基本的是具有学习所需要的健康的大脑、摄取知识的有效方式，以及掌握相关知识的学习规律。这一维度，我统称为学习的方法和策略，这是谈学习的基础。

第二，学习的动机。学习动机就像一辆车可以开起来的油动力。没有油的车，即使机能再好，也不可能跑起来。所以，没有学习动机的孩子，即使大脑再聪明，也无济于事。对于孩子来说，情绪是一个非常重要的指标。一般来说，喜欢某位老师，喜欢某个学科，才是孩子喜欢学习的重要推动力，而并非大人以为的为了达到某个目标。

第三，学习的意志。学习意志是指一个人在学习过程中遇到困难和挑战时，会积极寻求解决问题的方法并坚持下去的思维状态。还是以车来打比方，车发动起来之后，可能会遇到高坡或者山路，想让这辆车稳定地继续前行，不仅仅是有油这么简单的事情。在孩子的成长过程中，健康的大脑和稳定的情绪是学习的重要基础。而在漫长的人生中，如何面对困难和失败，如何在重大的打击面前，依然有着学习成长的力量和意志，则是每个人必须面对的课题。如果家长在孩子的儿童时期和青少年时期忽略了这方面的培养和塑造，孩子很有可能在面对失败时变成一个迷茫的人。这也不难理解，为何在学校里并不是游刃有余的人，反而在走出校园后能够脱颖而出。良好的性格发展、面对人生不断挑战的精神、自我使命的探索，可能是一个人能够终身成长和学习的关键。

从学习发生的过程来看，掌握基本的学习方式、拥有学习动机，学习过程便会开启。而从人类发展的方向来看，一个人一生发展得如何，才是学习得如何最有力的体现。一个孩子能否终身学习，最值得关注的一个维度是学习意志，主要体现在性格和思维方式两个方面。

在人类发展的研究领域，有非常多的研究正在逐步向我们证实，性格状态和思维发展对于孩子当下的发展和未来成长起着至关重要的推动作用。但由于这一维度的长时性和复杂性，很多家长并没有在这个方面做功课。

实践中的常见误区

当我们理解了儿童、青少年、成人的学习目标和方式有所不同时，便会发现哪些是教养孩子时的错误行为。

第一，通过目的引导孩子学习。

在《园丁与木匠》一书中提到一个观点，父母爱孩子，就是单纯地爱孩子。爱和抚养本身就是意义。但父母的爱往往目的性太强，在孩子进行学习探索时，会附加非常多的目的。

例如，周末带孩子去博物馆，特别关注教育的家长会提前打印很多关于博物馆展品的信息，然后在参观过程中不断地去打断孩子沉浸的状态，填鸭式地讲解某幅作品的历史背景、画技和意义。而对于孩子来说，这样的讲解是无意义的。他可能一星期之后便忘记了所讲解的内容，只记得家长不断打断自己的行为，从而对看展这件事情产生了厌烦。

再例如玩耍。玩耍是少有的发展心理学中确定的、对人类发展极其有意义的一件事情。玩耍是自发的、即兴的、无目的的过程，玩耍也是孩子和他人互动的一种天然过程，研究发现，小时候玩耍多的孩子，长大之后的社交能力会更强。但如果玩耍被设定了某种目的，那么玩耍便不再是玩耍了。

在过度重视教育的时代，家长常常以成人的思维为孩子的活动设定目标，其后果是，孩子不再觉得"学习探索是好玩的"，从而对学习本身产生厌倦。

第二，把单一的学习方式强加到孩子身上。

YouTube 上非常有名的 Crash Course 的创立者约翰·格林在他著名的 TED 演讲中说，小时候，他非常不爱学习，因为大人告诉他学习是为了以后得到更好的工作。而在他眼里，好的工作就是每天打上"勒死"自己的领带去上班，他才不想每天"勒死"自己。

他对学习的认识在读高中时发生了变化。他第一次发现，有很多人学习并不是为了某个单一的目标，而是自我探索认知的一个过程。这个过程不是单一和明确的，而是像探险一样，从已知之中试探自己可以到达的地方，不断地拓展自己的人生版图。

像这样从未知中拓展自我的学习，才是好玩的、有意义的。

遗憾的是，我们这个时代，学习成了特别有目的和要结果的过程。很多时候，"学习"就是按照学习大纲，从头到尾地背诵，并通过考试来检验自己是否已经掌握的过程。这对于孩子来说，是非常无聊的事情。其一，孩子不是通过单一的方式去学习的，如果用不适合孩子的方式去引导，会挫伤孩子的学习积极性和自信心；其二，单一的学习方式无法让孩子找到学习的意义，从而大大削弱学习的动机。

第三，强化"学习本身是无聊的"这一认知。

对于很多成人来说，对达成自己的目标没有帮助的知识，他们便不会去学习。由于目的性太强，他们并不能享受学习的过程，因此常常会以给自己奖励的方式来淡化学习痛苦。他们必然会将这种激励方式带到对孩子的教育中。

例如，有的家长在通过某个考试之后，会给自己买一件奢侈品作为奖励。这个行为给自己的孩子传达的是——"学习过程是痛苦的，我需要给自己一颗糖"。同样，一名不享受学习过程的老师，在教学过程中，会通过设置结果性的奖励或者惩罚来强化"学习并不好玩"的认知，而孩子也会吸收这样的认知。

从人本主义的角度来看，人类作为独特的、有智力能力的动物，学习探索的能力是与生俱来的，从出生开始便乐不可支地探索周围的世界。在探索的过程中，我们是很愉悦的。所以，学习本身应该是快乐的，而不是需要外在奖励来"补偿"的。

所以，如果真正了解了孩子的学习状态，引导他们找到适合自己的、愉悦的学习方式，那么，学习便不是痛苦无聊的过程。

通过以上的讨论，我们可以发现，最重要的不是教给孩子某些具体的学习方法，或者找到帮孩子成功的"万能公式"，而是要真正了解个体发展的过程和规律，以及在不同阶段孩子学习认知的能力、方式和目的，在尊重规律的基础上，根据孩子的差异性，进行有效的引导和支持。

学习是如何发生的？应该如何认识一件事情？如何学会一门语言？在学习的时候，我们的大脑发生了什么？我们是可以独立学习的，还是需要与外界进行互动？

在阅读本书时，请带着一颗开放的心，兼具思考与批判地去开启培养一个终身学习者之路。

家长实践小帮手

在阅读本章之后，请梳理以下几点：

1. 是否认为每个孩子都是天生的学习者？

2. 在支持孩子的学习过程中，是否关注了学习的三个维度：内容、动机和环境？

3. 孩子目前的学习面临哪些挑战？面临挑战的根本原因可能是什么？

4. 和孩子设定一个讨论时间，听听他对学习的感受。

（不评判，只聆听和记录）

终身学习

02

成为学霸到底有没有"套路"

高效学习的方法和策略

———

联系与运用 · 整体性学习法 · 费曼学习技巧

在有的父母眼里，"别人家的孩子"不知道比自己的孩子好多少倍。独立学习、名列前茅，好像自己的孩子怎么努力也达不到。电视上的学霸更是遥不可及，才华横溢，旁征博引，好像大脑有什么芯片似的，可以让他们思路敏捷，出口成章。

这样的学霸，到底是天生聪明，还是后天练就的呢？成为学霸有没有"套路"呢？

其实不光望子成龙的父母们，发展心理学家们也对为什么有些人能够如此高效学习，并且在不同领域取得卓越成绩感到好奇，他们早就从科学研究的角度出发，去探究这些人卓越的"秘密"。

在从不同层面研究这些"别人家的孩子"时，发展心理学家找到了一些共性。在这一章，我们就从这些研究中看一看，学霸们有哪些共同的特点和学习方法。

从学习的三个维度来说，这是我们要讨论的第一个维度——学习的机能，也就是"电机"的工作原理。

学习的底层模式

斯科特·扬在《如何高效学习》一书中，提出了一个非常好的概念——"整体性学习"。整体性学习的核心思路是，大脑运转的底层模式是联系与拓展。

任何事物都是有联系的。在学习时，我们大脑的基本运行机制是神经之间的连接。在学习过程中，我们是否关注了这种联系呢？还是更多地进行碎片化的学习？

例如，记忆的本质是联系，是把新的信息放入我们已有知识体系的过程。如果让孩子单独去记忆 comfortable，cozy，intelligent，efficiently 这几个单词，想必需要花很多时间，而且可能很快就忘记了。但是如果去结合一个情景，如 When I sit in a cozy café comfortably, I can do things efficiently and feel I am very intelligent.（我在一个舒适的咖啡馆里舒服地坐着，高效地进行工作，感觉自己很棒。）看似需要去理解更多的词，但是由于这几个词被联结在一个句子中，大脑反而可以更有效地记忆。

研究发现，记忆不是简单地将内容输入、复制的过程，而是一个复杂的大脑神经连接和编码的过程。在这个过程中，过去的知识和经历、当下记忆发生时的情绪和环境，都会发生作用。比如，一个人在安静的环境中更容易记住信息，而在情绪波动时，记忆力会非常差；如果电话号码中有几位数字恰好是熟悉的生日，则会记得特别牢。《最强大脑》这类节目里的选手，也是通过联系来记忆的。

学习也是需要联系和编码的，但如果课程较多，相互之间又不是自然地联系在一起的，那么对于孩子来说其实是一个巨大的挑战。以英语学习为例，有的孩子除了要上学校的课程之外，还要准备校外的英语证书考试。在这种情况下，如果孩子不具备对各门课程进行联系整合的能力，还不如不上。因为如果缺乏联系整合的能力，孩子学习时大脑就会像电脑一样，同时打开的程序越多，运行速度就会越慢。

这时，家长需要做的是，帮助孩子厘清学科学习的目标和学习的方式，而不是一股脑地将各种课程扔给孩子，那样只会让孩子消化不良，导致学习机能出现大问题。

儿童心理学家皮亚杰在描述孩子对世界的认知方式时，提出两个基本方式：同化和顺应，并提出我们在认知世界时会有不同的结构模式。

这是什么意思呢？比如，我们在认识一本书时，会形成一个结构性的认知模式：一个有封面、封底和无数内文页的物品。

基于这个图式，如果再遇到相似的东西，我们就会将其认知为书，这就是"同化"的过程。如果遇到的东西相似却有所不同时，比如，孩子看到杂志时，发现和书的开本、形式都不一样，那么，就需要将原来对书的认知进行拓展，这就是"顺应"的过程。

对于孩子的学习来说，这样的认知过程也是同样发生的。

以英语学习为例，一个"模式"指一个句子的结构。同化的过程即学习积累相同句子结构的过程，顺应的过程即选择不同的词汇，进行句子搭建的过程。比如，孩子如果学会了"I love you（我爱你）"这样一个非常简单却核心的句子结构，就可以拓展出" I love milk（我爱喝牛奶）""I love milk，because it is delicious（我爱喝牛奶，因为它很美味）"等结构相同的其他句子。

继而由句子到段落，由段落到篇章，不断进行拓展。

在学习过程中，关注结构和联系，比重视内容更重要。好比学习是一棵树，我们更应该关注的是土壤下的根系以及枝干结构，而不只是树叶。只学习一片片的树叶，并不能形成一棵树。

很多孩子在学习时，只关注细枝末节，而忽略了整体结构。有的家长和老师，只关注孩子对一个知识点或一道题的认识，而没有关注孩子是否掌握了大的背景结构下的逻辑。

可以说，学习一门学科或者新东西的基础是有一个结构或框架，有了这个结构，新"吸收"的东西才可以被放入其中，这才是有意义的学习。

结合前面两个部分，我们需要厘清两个问题：

1. 孩子学习时，只关注学习内容还是优先关注学习方法和策略？

2. 有什么样的学习方法和策略可以支持孩子在学科和跨学科学习中成长？

学科学习有方法

一位著名歌手在一次采访中，提到他最初练歌时的故事。在一次音乐课上，他和他的同桌一起唱歌，音乐老师听后对他说："你跟我学唱歌吧，每天放学后跟我练习。"他很开心。然而，之后的几周，音乐老师每天只让他练习拿着一张餐巾纸放在嘴巴前面吹。他有点不解，心想："我跟你学唱歌怎么变成了吹纸巾？"后来，他成为非常厉害的歌手时，才明白，吹纸巾是最基本的气息练习。他的老师帮助他学会了把握气息这一最重要的技能。

《刻意练习》一书的作者安德斯·艾利克森博士，一直在研究哪些因素造就了在某个领域中非常卓越的人，如篮球明星科比，游泳健将菲尔普斯等。研究发现，在人类成熟的学科和技能里，有特定的发展规律和训练规则。所有卓越的人物，都是抓住这些规律来进行学习和训练的。

当孩子面对各科学习时，花在总结学科学习方法和规律上的时间有多少呢？面对校内、校外的课程和作业，孩子很难对学习进行结构性和规律性的总结。这时，家长就需要花些时间，在这方面给孩子以支持。

我认为对学习方法和策略的总结，比任何学习资料都重要。

在高中时，我的英语是语数外"三大科"的短板科目。甚至高一的时候，有一次在满分 150 分的考试中，只考了 69 分。高二时，班主任对我说，"如果你想进入理想的大学，必须把英语成绩提上来。"

那时，我没有稀里糊涂地去学习其他人的方法，也没有死记硬背英语课本，而是自己做了一番深入的思考。第一，我的语文成绩很好，阅读理解和写作总是可以得高分，不只是因为上课认真听讲，更重要的是进行了大量的阅读，因为我知道，语言的学习要基于大量的阅读。所以，英语学习应该遵循同样的过程。第二，我的英语学习目标，第一是高考时能够提分，第二是可以真正地掌握这门语言。我可不想辛辛苦苦花了两年的时间学习，考完试之后，却跟英语再也没有关系了。以这个目标来看，我必须要提高英语阅读水平和写作能力。所以，我制订的计划是，把每天的早读时间分一部分给英语。那时候，我阅读的内容是《二十一世纪报》的新闻和美文。我每天给自己设定的任务是精读一篇文章，在阅读时，要把单词都查出来，而且流利朗读。另外再泛读3～4篇文章。

在高三备考最严酷的时候，大家都在做黄冈考试100套题，我依然坚持每天早上阅读英语文章。我的英语成绩从100分提高到了120分，高考时达到了131分，成了我的优势学科。

分享这个例子，不是为了励志，而是希望大家注意到跟学习方法和策略有关的细节。第一，学科学习是有规律的，在孩子的学习过程中，家长是否引导孩子去思考不同学科的学习方法了呢？第二，要进行反思和规划，这比埋头下苦功夫重要得多。反思和规划在认知科学中是"元认知"能力的一部分，比任何具体的知识学习都重要。第三，有很多看似短期有效的学习方式，从长期看，很可能并不能够提升真正的学习能力，所以要非常警惕。

同时要注意，对任何学习方法和学科规律的总结，都是需要时间的，并不是教给孩子，孩子就能立马学会。所以，重视孩子学习方法和策略建构的家长，必须留给孩子足够的时间，去学习和试验最适合自己的学习方法。

这些时间，就是"磨刀不误砍柴工"的缩影。如果不花时间去梳理，就会浪费大量时间，不仅搞不好学习，还可能挫伤孩子学习某个学科的积极性。

还是以英语学习为例，太多孩子把时间浪费在去各种补习班上了，而没有弄清楚英语学习的核心规律。其实，在送孩子去课外班前，用一个常识思维来做一下梳理，就可以很清楚应该如何学习英语了。

第一，英语是一门语言，学习的目标应该是使用和交流，而非通过考试。从这个目标上看，考试是不能帮助孩子建立使用能力的。就好比，目标是学会游泳，却让孩子去进行笔试，那么，不管花多少时间，孩子都不可能学会游泳。

第二，如何达到用英语交流的目标呢？作为一种交流工具，首先是需要听和说的。因而，不管是孩子还是成人，学习英语的首要任务是听。如果听不懂，只会认单词和阅读，就会变成"哑巴英语"。大量去听，是任何语言学习的起点。

第三，能够听懂之后，需要创造环境和机会进行说的练习。

第四，如果对自己的要求是，在深度的学术阅读和写作上也能达到很高的水平，那么请记住，"读书破万卷，下笔如有神"。如果没有通过阅读进行输入，进而去理解和学习其他人的思维模式，就不可能通过第二语言产生美妙的思考和写作。

这样一说，好像非常清楚和简单。

可是，现实中家长是怎么做的呢？送七八岁的孩子去机构学单词、做句子翻译；不给孩子进行原汁原味的故事阅读类的输入，只让孩子看干巴巴的课本、背诵语法知识。即便到现在，背单词、学语法依然是大家常常提起的英语学习方法。

从自己多年的教学和研究中，我总结出了以下几个英语学习的核心阶段：

3~6岁，大量听歌谣和故事；6~8岁，关注孩子的对话输出，锻炼听说互动能力；8~10岁，阅读高阶绘本故事，开启阅读者的旅程；10~12岁，阅读纯文字的英文故事书并进行讨论，帮助孩子在12岁成为独立的英语使用者。

按照这个学习规律，中国孩子在12岁可以成为一个独立的英语使用者。很多家长说，"哇，要9年啊"。大家可以计算一下，我们在学校是几岁开始学习英语的，到现在学习了多少年？为何还没有达到和外国朋友流利互动的水平呢？

学习语言是在织一张网。这张网织起来之后，孩子可以通过它进行其他学科内容的学习。在织网的过程中，我们要关注的是如何织网，而不只是碎片化地学习词汇或者考点。

那么，家长可以思考一下，孩子学习语文和数学有什么核心规律呢？现在孩子正在运用的学习方法是否符合规律呢？

跨学科学习有思路

查理·芒格，投资界的学霸，在《穷查理宝典》中，更多提及的并非他的投资技巧，而是如何跨学科学习。

他认为，基础学科是知识大厦的地基，地基搭建起来之后，跨学科的运用能力才是让大厦搭建得又高又扎实的关键。

那么，他认为重要的基础学科是什么呢？

数学、会计学、生物学、心理学、经济学。

而且，他坚信，只掌握某一门学科或者某些零散的知识并没有什么用，一个人不可能通过零碎的知识去很好地理解一件事情。如果孩子只学习一门学科，或者只学习学科中的某些概念和知识，就没有办法进行深入的思考。能够真正帮助一个人进行深度、根本性思考的是很多横向的思维模型，这些思维模型来自于不同学科的集合。

孩子从一进入学校就开始有了"学科"的概念，甚至有"主科"（重要的科目）和"副科"（不重要的科目）之分。这样的概念，大大阻碍了孩子对不同学科的认知和兴趣。

往往在我们走出学校之后，才发现，我们花了很多时间学习的学科知识，早已经被忘记了，而真正影响我们的，反而是我们在玩耍时，在与他人协作时，在试图解决一个问题时所使用的不同的思维方式和方法。

这也是为什么，在创新教育的探索阶段，有很多研究者和实践者提出了"项目式学习"。

项目式学习最基本的思路是，打破原有的分科，在完成一个项目的过程中，进行不同学科知识和能力的搭建。

我曾观摩过一所私立双语高中做的一门项目式学习的课程。这个项目是以学生参访癌症病人的亲属开始的，通过采访的方式，让他们了解癌症病人的经历以及亲属的心理感受。在这个过程中，学生自然而真实地学习了如何做采访，以及心理学的一些基本概念。在第二个阶段，给学生提供关于癌细胞生长扩散的生物学知识，让学生通过舞蹈和音乐来展现这个过程。这个项目最终以舞台表演的形式将学习成果展现出来。而学生只有真正理解癌细胞的生长和发展过程，才能够通过这个方式表达。在这个过程中，集合的学科有生物学、心理学、传媒学和舞蹈艺术等。

在这个例子中,我们先不要被"项目式学习"这个名字给吓到了。我们可以想一想进入社会的真实状态,没有一个人是只面对一件事情,或者只通过一场考试就可以解决问题的。

重视跨学科思维的建立,其核心是回归到现实的学习和生活中,这是孩子应该具备的解决问题的基本能力。

从这个角度来说,家长需要确认的是,自己的孩子是否关注到生活中的一些具体问题?是否可以从这些具体问题出发,调动自己的资源,来解决这个问题?

这样,孩子的学习就不再只是单一无聊的知识和考试了,而是真正和他有关系、让他感兴趣的一个个现实问题。这一个个解决问题的过程就是一个一个的"项目"。这个方式其实从根本上颠覆了为了通过考试而学习的单一学习路径,也与一个人的学习和成长过程相符合。

家长应该怎样做呢?

第一,设定和孩子的讨论时间。家长可以和孩子讨论他真正关心的问题和感兴趣的事情。以与孩子相关的问题切入,才能驱动他主动学习。

第二,和孩子一起设计一个核心的学习产品。比如,如果孩子只是计划一个月阅读一本书,很可能无法坚持,但如果用项目式学习的思维和孩子一起做一个"英文书领读频道",就可以将阅读变为一个项目。通过探索各种各样的可以让其他人受益的项目内容,激发孩子的创造力,让孩子获得和他人分享的快乐。

第三,在每个项目结束后进行复盘。复盘本来是指在下围棋时,教练带着棋手重新走一遍棋局,并分析下棋方法的一个过程。在学习过程中,复盘不单单是指复习,而是通过回忆和回溯学习的过程以及内容,对学习方法进行反思和总结。我在工作中也会进行复盘,下面以做有声书频道的项目为例分享复盘的方法。

第一步,先进行数字复盘。数字复盘的目的是告诉自己,做了什么,学到了什么,给自己一个非常明确的成就感。比如,孩子完成了一年 12 期,共 12 本书的领读栏目。这两个数字,会非常让人有成就感。那么,我们就可以记录下来。

第二步,在数字复盘之后,进行质量的复盘。一般我会用以下的问题来进行引导:

1. 在这个项目过程中,最开心/兴奋的时刻是什么时候?
2. 在这个项目过程中,不开心或者低落的时刻是什么时候?
3. 在这个项目中,努力的程度是多少?

4. 在这个项目中，用到的有效的学习方法和策略是什么？

通过这样的复盘，可以很好地帮助孩子在学习告一段落之后，理解和认识自己的学习状态、学习效果和学习质量，并且可以非常好地进入下一阶段的学习。

在这个过程中，孩子不管是对知识的学习还是技能的建立，都是立体的、多维的，而非单线程的。

重视理解，而非记忆

在很多时候，如果我们问孩子，"这个定理你理解了吗？"他会回答："理解了。"但是，如果让他再解释一遍，他可能就卡住了。

包括在写这本书的时候，我发现从"以为理解"到"真正有逻辑地写出来"，中间需要查阅很多资料，需要和相关的专家、教授讨论，一再确认某些实验和研究的细节和过程。

看来，"理解"二字，大有学问。

这也是为什么哈佛大学教授戴维·珀金斯发起了"为理解而教"的项目。在他看来，很多学校所教的内容，学生其实没有真正地理解，没有做到有效地学习。

在是否理解的问题上，我曾经有过一个非常有意思的经历。大家如果关注线上知识付费课程，可能会听到一个经常被提及的概念——第一性原理。而且，大都是说由太空探索技术公司（Space X）CEO埃隆·马斯克提出的。

的确，埃隆·马斯克在TED演讲中提到了在他工作和思考时会运用第一性原理。于是有很多专家、大咖在不同的领域，都会提倡大家运用第一性原理。而据我了解，第一性原理的真正提出者是哲学家亚里士多德。

有一次，我和一位朋友讨论问题，就听他提到了第一性原理。我便问他："请问，第一性原理是什么意思？"这位朋友说了他对第一性原理的理解。

这时，我又问："你从哪里学到的第一性原理呢？"他说："我在某某大V的课里学来的。"然后，我将埃隆·马斯克在TED演讲中的那段全英文讨论找了出来，对他说："你再听一遍他所说的第一性原理是什么意思。"我的朋友听完后，又阐述了一遍他的理解。可是，我发现，他的理解是根据他自己的经历和想法演化出来的，根本不是埃隆·马斯克所表达的原意。

较真的我，在这段英文中一句一句地查找，然后问我的朋友："哪一部分表达了你所说的这一点呢？"

我的朋友瞬间说："哦，原来我一直理解错了！"

这个例子非常有意思地告诉了我们两点：

第一，很多时候，我们以为的"理解"，不是对原本公式、定理、文章的理解，而是从第二手或第三手资料中得来的。这时候的理解常常会变形。因为不同的人会通过自己的经历和知识，将原有的信息进行加工。经过多次加工后，信息往往就失真了。

第二，理解往往产生于讨论，或者在不同场合下的碰撞，这时候，我们才能修正原有的认知，真正深度地理解一些概念的核心。

在这个基础之上，再去看孩子的学习，往往会发现很多有趣的现象。

以阅读为例，有些孩子是以考试为驱动进行阅读的，而不是真正对文本感兴趣，或者想从文本中获取思考的来源，所以经常会浅尝辄止。而真正的学习是始于对原文的理解的。我在做全英文阅读的课程时，遇到过很多类似的情况，尽管孩子可以说出一段文本的大致内容，但当问到细节的逻辑问题时，往往就答非所问了。因为细节逻辑问题需要对原文的字句、结构真正理解，然后再用自己的话说出来。

对于这种情况，我们就可以说，这不是真正的理解，而是"假学习"。

那么，什么样的方式可以帮助孩子真正地理解呢？非常有效的一个方法就是，在孩子学完一个概念或者读完一篇文章之后，让他有逻辑、有细节地讲给别人听。讲的过程就是梳理信息、建立结构和逻辑的过程，这是非常好的学习方式，甚至是进入深层次思考的必要过程。

这个方式在下面的学习方法和策略的介绍中，会有更详细的讲解。

学习方法和策略

费曼学习法：为理解而学的典范

理查德·费曼是美籍犹太裔物理学家，加州理工学院物理学教授，本科在麻省理工学院攻读数学、电力工程和物理学。24 岁时加入美国原子弹研究项目小组，参与研制原子弹的"曼哈顿计划"，并在 1965 年获得诺贝尔物理学奖。

从这个短小的介绍中，我们就可以看出来，费曼先生是一位名副其实的学霸。他生性幽默，从小就喜欢奇思怪想，所以做教授的时候，也不想让自己的学生死板地去学习。他毕生的兴趣就是将数学、物理学这样的学科融入生活，让普通大众也能够理解其简单而美妙的思维。而且，他非常不喜欢物理学家、数学家们在说一个概念的时候，用尽各种难以理解的名词。他认为，如果一个人真正理解某个知识或者概念，就可以用非常简洁的、任何人都能懂的语言表达出来。

是否真正理解的检验标准之一就是，当解释给一个外行人听时，他能否理解。

费曼先生一直都在使用这种方法。这就是后来被称为"费曼技巧"的学习方法。

这个方法其实非常简单，只需要三步：

第一步，学习某个知识，自己进行理解。

第二步，用对该类知识不熟悉的人能理解的方式以及语言进行解释。

第三步，再一次学习该知识，并对不能简单解释清楚的地方进行巩固，然后再尝试讲解。

这其实就是"以教为学"。

教的过程可以帮助我们拆解一个问题，并确认自己是否真正理解了，能否用简洁的语言进行表达。如果不能用简洁的语言表达出来，说明自己对该问题并没有深刻的理解。

同时，教授他人也是学习内容留存率最高的方式，而我们在学习中常常使用的方法，如听讲、阅读等，留存率却是极低的。难怪我们在高考之后，只记得高考前一天和同桌说过的话，而完全不记得老师强调一遍又一遍的重点。

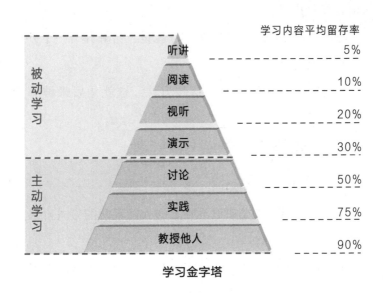

学习金字塔

我在进入宾夕法尼亚大学读书的时候，许多好朋友惊讶于我这个从农村走出来，从来没有上过课外班，也没有什么书籍可读的姑娘，竟然可以进入常春藤大学。后来，读到费曼的书，我才发现，虽然我没有什么学习资源，但从小学就喜欢给同学讲课。到了初中，因为缺少老师，我就给全班同学讲数学、语文、历史和政治。在这个过程中，我需要对学科、知识进行深加工之后再讲解。这就是我学习的最有效途径。

所以，利用"费曼技巧"谈及孩子的学习时，家长要思考的是，是否关注了那些帮助孩子真正理解的方式方法。

孩子放学之后，让他把学校里学到的知识，在饭桌上给大家讲一讲，是一个很好的方式。但是，请注意，不要评判孩子讲得好还是不好。

请做一名谦虚的"学生"，好好听孩子这个"老师"的讲解吧。如果他讲不清楚，很可能第二天就会认真地听老师讲课，或者自己去研究清楚了。

斯科特·扬：整体性学习法——注重联系的高效学习法

斯科特·扬在他的书中，非常清晰地提出了整体性学习法。我们在这里做一个综述。

第一，在学习之前，要关注学习的目标。这个目标最好是可实现、可触达的目标。比如，学钢琴，是为了在某个聚会上给大家弹奏一曲；学编程，是为了编一个自己喜欢的游戏。对于学习目标，大多数孩子的回答可能是考试拿高分。但这个目标是外在附加的，并不能真正驱动一个人去学习。

而如果学习目标是兴趣，或者是对某项知识的应用，那么推动性则会极大。所以，斯科特在学习各种知识的时候，都会找到一个可以实际应用的机会。

第二，在这之后，要将学习拆解成几个部分：获取知识，联系观点，处理随意信息，进行知识拓展。

从这个结构来看，大多数人所说的学习只停留在第一部分——获取知识。在阅读时、听书时、听老师讲课时，我们只在做一件事情，就是获取知识。

斯科特给自己设定了两种获取知识的方式：

第一种是快速阅读。大量阅读绝对是获取知识的有效途径，这也是为什么查理·芒格在他书中说，在他见过的成功人士中，没有一个不是每天阅读的。如果不阅读，获取知识的一大通道就缺失了。通过快速阅读，我们可以大量地获取知识，从而实现从量到质的变化。

第二种是笔记流。笔记流是在理解学习内容后，形成自己的逻辑结构，使用关键词和箭头等元素，总结成有逻辑的笔记。这是进行归类和联系的一个过程，有助于将知识结构化、关联化，辅助记忆，再现学习过程。

在进行联系观点时，斯科特用的是比喻法、内在法和图表法。图表法是我非常想强调的一种方式。从人类认知学习的方式上来讲，我们对视觉化图像有更强的理解力和记忆力，所以图表可以帮助我们更好地进行理解和联系。比如，本书中会用不同逻辑的图表来表达一些观点和思路，帮助读者快速理解。

对于随意信息的处理，要么是把随意信息放入已有的知识体系中，要么就尽量减少对随意信息的摄取。互联网时代的信息具有爆炸性和碎片化等特点，如果随意信息摄取过多，我们的大脑就会像有很多垃圾信息的电脑一样，运行速度会变慢。所以，要刻意保持大脑有足够的运转空间。对于孩子来说，学习过程中也会出现许多干扰信息。如何降低干扰信息的影响，去除干扰源，进行高度专注和有深度的学习，是研究学习的一个大课题。

在这里，希望家长可以为孩子提供一个阅读空间，让孩子能够在单独的空间内进行学习。相对简单的环境，可以帮助孩子隔离随意信息的干扰。

最后一个部分是知识拓展。现在最流行的一个词就是项目式学习。项目式学习其实可以和孩子的学科学习进行很好的结合。比如，可以针对英文阅读设计一个有声书的项目，让孩子在完成一本书的阅读之后，为其他人录制一个有声书。对于孩子来说，这是将自己学习的内容进行外化和拓展的极好方式。还可以让孩子在阅读之后创作一个绘本，将英文和绘画结合起来，具有创意。

培养会学习的孩子，家长应该如何做

我不想给家长罗列一大堆学习方法和策略，然后让孩子去学，这完全违背了我们这一章的目标和主题。

其实，每个孩子都可以成为出色的学生，因为每个孩子都可以找到适合自己的学习方法和策略。那么，家长如何做，才能有效地支持孩子呢？

第一，要关注学习方法和策略，而不是一股脑地给孩子输入各种内容。

第二，给孩子探索适合自己的学习方法和策略的时间以及试错的时间。这也意味着，思考和探索的时间要增加，学习知识的时间要减少，不要给孩子塞满各种课程。

第三，跟孩子建立讨论和复盘的时间。孩子在学习中可能会遇到很多困惑，需要有人和他一起进行梳理和讨论，家长要在这方面给予孩子更多的支持。

第四，对于学习本身，要更重视理解，而不是死记硬背。讨论和表达是帮助理解的一种重要的方式，多给孩子时间去和别人交流和互动吧。

真正的学习者一定是有策略的。

家长实践小帮手

1. 梳理自己的学习过程，看看有哪些独到的方法和策略，并列出来。
2. 和孩子讨论，看看他在学习中有没有什么方法和策略。
3. 在 2~3 周内，设定每周一次的"费曼时间"，孩子和家长相互讲解自己学到的新东西。

终身学习

03

快乐的孩子和不快乐的孩子，谁学得好

积极情绪对孩子的学习起关键作用

———

情商 · 冷热系统 · 积极情绪

在做全英文阅读课程的时候，我遇到过一个案例，特别符合这一章的主题。

有一个男孩来我们这里学习，他的妈妈说，之前孩子学了一个类似的课程，前面很感兴趣，后面兴趣就弱了，然后就放弃了，害怕这次还是这样。

我们测评后发现这个孩子的英语基础能力没有问题，如果学习没办法持续进行，那可能是因为学习状态不佳。

在观察这个孩子的上课状态后，主课老师对我说，这个孩子最大的问题是上课时没办法保持稳定和专注。主课老师特别提到，有一次在线视频课程前，孩子的妈妈正批评孩子，还把枕头扔到了孩子身上。在那次课上，这个孩子几乎没办法学习。

在孩子的学习过程中，情绪状态是非常重要的。但很多时候，家长只关注学习内容或者考试结果，而忽略了孩子的情绪状态。

在这一章中，我们一起来看一看情绪是什么，孩子的情绪和亲子关系有什么关联，以及作为父母，该如何帮助孩子建立积极的情绪体验。

认识情绪是学习好的第一步

回到本章开头的案例，这个妈妈最终决定让孩子加入我们的课程。上课后，我跟主课老师说，要关注一下孩子上课过程中的情绪状态，看看他在什么状态下学得好，什么时候会排斥学习。

在观察和讨论后，我们发现了两个重要信息：

第一，如果这个孩子上课前和妈妈的互动是良好的，比如被妈妈夸了一下，那么孩子上课时的状态就完全没有问题。

第二，如果遇到困难，他首先选择的就是放弃。为什么呢？我们猜测孩子害怕如果做得不好会受到批评。

我们和孩子的妈妈进行沟通时，侧面问她有没有因为英语学习而和孩子发过脾气，孩子的妈妈非常坦诚地说："我经常因为他不打卡而发脾气。""因为不打卡"而发脾气，看似有理有据，但对于孩子来说，他的认知则是"妈妈每次因为学习英语和我发脾气，所以我不喜欢英语。"继而他又会因为学不好英语而经常受到批评，当然会对英语学习产生排斥，遇到困难也不会有尝试和挑战自己的想法。

这是非常自然的。

家长却忽略了这一点，常常在孩子学习状态差的时候发脾气，这会愈加让孩子对学习产生不好的认知。

值得庆幸的是，这位妈妈是一位开放坦诚的家长。在我们跟她交流这个层次的问题时，承认自己的确因为工作不顺利常常有不好的情绪。她开始逐步调整自己的情绪状态，以及对孩子的状态。后来孩子也不再用情绪和调皮来试探老师的状态了，逐步将注意力集中到了英语学习上，英语能力明显提升。

所以，从这个案例来看，表面上是孩子学不好英语，深层次其实是情绪问题。

情绪是每个孩子在学习过程中都会体验到的。

学习不是简单地坐在教室里背诵课文、写作业，而是一个复杂的过程，情绪在这个过程中起了非常大的作用。

情绪在学习过程中的发生机制

情绪是每个人都有的，而一个人能否认识自己的情绪、管理自己的情绪，则是一项非常重要的能力。甚至有研究者认为，这是一个人成功的必备能力之一。在心理学界，情商的定义是，一个人可以认知自己和他人的情绪和感受，并通过这些认知来指导自己的思考和行为。这就是情商的提出者和研究者丹尼尔·戈尔曼的观点：情商，而非智商，是一个人成功的更重要的因素。

比如，电影《少年的你》主人公陈念就是一个情商很高的人。不管是被欺凌后镇静地想办法，还是在高考前出现各种事件的时候，她妥当的处理方式，都展示了她强大的情绪管理能力。

对于一个孩子来说，情绪管理能力不是天生的，而是需要后天培养的。

近年来，美国教育界一个非常重要的改革就是关注孩子的情绪认知和管理能力，提出了 SEL 计划，即 Social and Emotional Learning（社会情感学习）。进行社会情感学习研究的著名机构是 CASEL（Collaborative for Acadmic，Social and Emotional Learning，学术、社会情感学习合作组织）。CASEL 对社会情感学习的定义是："孩子和大人理解和管理情绪，设定积极的目标，并对他人有同理心，可以建立积极的人际关系，做出有责任的决定的过程。"

反思学校或者家庭教育中的关注点，是否真正关心过孩子的情绪，是否帮助孩子在积极的心理状态下学习和生活呢？

在谈学习的时候关注情绪体验，这意味着，我们不仅要关心孩子是否有良好的情绪状态，更要关心孩子是如何处理自己的情绪状态的，以及孩子是否可以理解情绪对学习状态的影响。

其实，情绪不仅仅是我们对外在环境做出的积极或者消极反应，还跟我们的自控力、思维方式，甚至未来的生活目标大大相关。

情绪不稳，自控力弱

从神经科学和心理学来看，在情绪和认知的互动中，有两个体系在发生作用：一个是被称之为"冷系统"的，以大脑中的海马体为核心的认知系统；一个是被称之为"热系统"的，以大脑中的杏仁体为核心的情感系统。举例来说，孩子在学习时，主要调动的运作系统是以认知学习为主的冷系统，如果家长突然发脾气了，以杏仁体为核心的热系统就会启动，继而扰乱冷系统的运作。

当然，研究还发现，在孩子的学习过程中，冷热系统并不是单独运行的，而是相互影响的。热系统会影响学习的速度和效果，冷系统也会触发热系统。

斯坦福大学教授沃尔特·米歇尔曾于20世纪60年代在斯坦福大学的一个幼儿园做过一个著名的棉花糖实验。实验者给学龄前的小孩子一块棉花糖，然后跟孩子说："如果在20分钟内，你不吃掉这块棉花糖，我会再给你一块棉花糖。当然，如果你想吃掉这块棉花糖也可以，按下这个按钮，就可以吃掉了。"

说完，实验者留下棉花糖就出去了，在外面观察孩子的状态，并在这个实验结束后，继续跟踪这一批孩子。

令人吃惊的是，没有吃掉棉花糖的孩子，在之后的SAT考试中得分都相对较高。在他们近30岁的时候，他们的体脂率、目标感、应对压力和情绪的能力也都更强。

于是，这一实验引起了教育界的极大关注。从心理学的角度来分析，吃不吃棉花糖的确反映了一个孩子的情绪控制能力和自控力水平。

前面我们提到，大脑有冷热两个系统。热系统是大脑的"边缘系统"，也是脑干更原始的结构。这个系统的主要功能是管理我们的冲动情绪和情感。比如，当我们遇到危险的时候，会感到害怕，这个系统中负责管理"害怕"情绪的杏仁体可以快速引发身体去行动。

这也是为什么这一系统被称为"热系统"——"快！做！"

值得注意的是，在我们情绪起伏不定、压力很大的时候，容易诱发热系统。这一现象其实很多人都有体验。比如，节食减肥，平常都坚持得很好，但如果有一天特别不开心，热系统可能就会被触发，告诉你："管那么多呢，人生苦短，想吃就吃！"一瞬间，你可能就会打开冰箱，吃自己最爱的巧克力。

而另一个系统，冷系统，则负责管理我们的认知、思考和反省，与一个人的自控力和对未来的规划能力息息相关。可以说，这一系统更加高级，可以支持我们的高阶认知能力和管理能力。它不仅管理我们的思考、行为和情绪，还是创造力和想象力的中枢系统。

我们常常渴望孩子拥有的自控力，就在这个冷系统之中。

非常值得注意的是，冷系统由大脑的前额叶负责。这个部分在孩子 12 岁之后，才能够得到充分发展。也就是说，年纪小的孩子，这部分功能发育还不成熟，自控力也会降低。

然而，自控力就这么简单吗？情绪不稳定，引发热系统，冷系统的能力就会随之降低？

其实，在米歇尔的研究中，他希望大家不要片面地认为，一个人只要有自控力就可以了。因为自控力的根本不在于意志力，而在于另外一个更重要的概念——安全依恋。

棉花糖实验还有不同地区研究的不同版本。这些研究给了我们对于情绪、自控力和学习更完整的解释。

其中一次是在一个特别的社区做的实验，给研究者带来了非常大的启示。这个社区的孩子大多生活在单亲家庭，爸爸很少出现。在实验者给孩子棉花糖之后，大多数孩子都会马上吃掉，因为他们不相信实验者20分钟后会回来（跟他们的爸爸不能按时回家一样，他们没办法相信实验者的许诺）。

这一研究，让实验者重新关注发展心理学中的"依恋关系"，它决定了孩子更相信谁。经研究发现，孩子更倾向于向他信任的人学习。

信任关系来自哪里？照顾者对孩子稳定的、持续的、无条件的回应。

这个研究到这里，给我们最大的启发是，在关注孩子的学习时，应该关注他的自控力。自控力可以帮助孩子不被外界诱惑，专注于学习。而自控力的来源是稳定的情绪，稳定的情绪又来源于和主要照顾者或者他人稳定的情感关系。

那么，夫妻之间、家长和孩子之间的情感关系是否稳定，可能比单单让孩子去上课学习对孩子的成长更重要。

情绪不稳，注意力难集中

家长常常会提到孩子学习时注意力很难集中的情况。有很多"教育专家"给出各种方法，帮助孩子"专注"，但很少有人会注意到情绪和专注力的关系。

我们首先需要明白，人类的注意力是有限的。这也是为什么，如果在一个餐厅吃饭，我们只能把注意力放在和我们交谈的人身上。孩子听课也是如此，如果听着课，孩子的注意力被窗外的动物吸引走了，那么，孩子就没办法听到老师在讲什么了。

如果孩子所处的环境不稳定，那么就会产生情绪波动，注意力也就很难集中到学习上，这是由注意力的选择性决定的。所以，很多孩子，特别是年纪小的孩子，学习状态往往受情绪影响特别严重。在他们情绪不稳定时候，注意力是没办法集中的。

所以，面对孩子的学习，家长不应该只关注题目会不会做，作业有没有写完，更应该关注孩子在遇到难题的时候，是什么情绪反应。特别是当家长因为学习对孩子进行批评的时候，孩子如何反应。这些反应，以及孩子对学习中出现的挑战和困难的归因方式，会极大地影响他后续的学习和成就。

情绪的产生，与归因方式相关

成长型思维的提出者卡罗尔·德韦克教授，曾经专门研究过教师对于学习有困难的孩子的"解释风格"。

解释风格是指，在出现问题时，我们的归因方式是怎样的。比如，孩子的数学成绩很差，大人可能会说："你随妈妈，数学不好。"也可能会说："你最近很贪玩呀，数学没考好。"这是两种不同的归因方式。不同的家长对同一个问题的归因是不同的。

与孩子对话	归因方式	情绪状态	思维模式
"你随妈妈，数学不好。"	数学不好的原因是先天的，不是自己可以改变的	很崩溃，不开心	固定型思维
"你最近很贪玩呀，数学没考好。"	数学能力不是问题，问题是没有努力，所以，可以改变	有驱动力，去努力	成长型思维

这两种解释风格会直接影响孩子的思维方式，第一种解释，"随妈妈，数学不好"其实是在说，孩子的数学能力天生就不行。那么，持有这样观点的孩子，很难再去挑战自己，继续努力。而第二种解释，归因于一种暂时性的、非普遍性的原因，"最近贪玩"，那么孩子就可以理解为："我不贪玩的时候，数学可以学好。"

别小看我们的一句话，它所蕴含的归因方式，不仅会影响孩子对于自己学习的认知，也会影响他们对于很多事物的看法。更简单地说，归因方式是一个人思维方式的一部分，而思维方式会决定我们的行为，行为结果会再一次印证思维方式，循环往复。

那么，什么会影响孩子的归因方式呢？

与孩子交谈，其实就是在不断地向孩子传递我们的归因方式，从而让孩子学习我们的归因方式。

一个针对性别的研究发现，在学校里，当孩子出现学业问题时，老师对于男生和女生的批评方式截然不同。当女生成绩不好时，老师会说学生的能力不够，而当男生成绩不好时，老师可能会批评学生"不用功，吵闹，不专心"等。

值得注意的是，被归因为"能力差"的孩子，面对失败时，会害怕去挑战和尝试，产生消极感和无助感。

一个不相信自己"有能力"的孩子，怎么可能去好好学习呢？所以，在日常和孩子的互动中，家长的情绪状态、言语、行为都会极大地影响孩子对学习的认知和对自己能力的认知。我们的归因方式会内化成孩子对自己的判断。

从情绪到情感到思维方式

在前面的讨论中，我们可以发现，家长和孩子的交流方式及互动方式，对孩子的学习和发展影响非常大。

一个情绪焦躁的妈妈，往往会让孩子变成一个情绪不安的个体；同时，因为情绪焦躁，妈妈可能会对孩子做出更多消极的反馈和批评，这容易让孩子对自己产生消极的认知，从而没有自信去学习。

很多家长会问，我的孩子是个特别敏感的孩子，怎么办？

我认为，敏感对于孩子来说，是一个中性词。为什么呢？敏感是孩子认识他人和向他人学习的一种方式。能够对周围的声音、变化产生敏感的觉察，是一种学习能力。而对他人敏感，特别是对父母敏感，是帮助孩子认知他人情绪的关键一步。

可以说，每一个孩子都是敏感的，因为他们要通过认识周围的环境，通过跟父母的互动来学习。

这种"敏感"也会带到学习过程中。大家可以回想一下，孩子刚刚会摇摇晃晃走路的时候，是多么骄傲。就算会跌倒，他也会一遍遍地试着走路，然后咧嘴笑。因为孩子喜欢在挑战中学习，喜欢周围人为他鼓掌。

这种因学习和挑战而产生的骄傲，为什么渐渐消失了呢？

一方面，家长在孩子长大之后，特别是进入学校之后，对"学习"的定义发生了变化——学习变得只跟学科学习和考试结果有关系了，家长对孩子的反馈也只跟这两者相关。

所以，如果孩子在学科学习中，并没有出类拔萃，可能就会对自己的学习能力产生怀疑，甚至在学习时会出现无奈、厌烦等情绪。

另一方面，孩子的学习方式也逐步从游戏化学习转变为单一的知识性学习。单一化的学习方式，会降低快乐的感受。也就是说，在学习方式发生变化之后，学习过程中的积极情绪体验变得越来越少。

这时候，如果家长再因为孩子的学习发脾气或者指责孩子，那么孩子就会自然地将学习和消极情绪联系在一起，形成恶性循环。

孩子不喜欢学习，一学习就拖拉，其实是表面的问题，而深层次的问题，并未被发现。

值得注意的是，情绪状态对孩子的学习影响在青春期会更加明显。一方面青春期的少年因为荷尔蒙的影响，情绪起伏非常大；另一方面，青春期的少年会对他们的一言一行更加敏感，从而放大这种影响。

很多人可能会好奇，情绪感受是不是天生的？我们可以控制它吗？

这也是发展心理学对社会情感发展重视的原因。

首先，我们对于情绪的认识和管理是可以学习的。这是讨论社会情感能力发展的前提。

我们父母那一代人，因为物质条件匮乏，能够学好、找到工作，可能是他们最大的目标，而对于情绪的认识和管理，几乎处于空白的状态。

随着社会发展速度的加快，人们的社会情感问题、精神问题越来越多。对于孩子来说，除了每天要去学校上课、考试之外，其实也在经受复杂的社会环境和家庭状态的影响。

因而，在本书中，我想强调的是，每一位重视孩子成长的家长，一定要关注孩子的情绪发展。

稳定的亲子关系是情绪健康发展的关键

发展心理学在研究情绪能力发展时发现，对孩子的情绪管理能力影响最大的，是父母。

这一点从常识上看也很容易理解。孩子从出生便和父母在一起生活，因而父母与孩子的互动会大大影响孩子的情绪状态以及对他人的情绪认知。也就是说，亲子关系对孩子的情绪发展有着重大的影响。

父母自己的情绪管理能力也会自然地影响孩子的情绪管理能力。父母是孩子的第一任老师，孩子会观察和学习父母的行为和语言。在这个过程中，父母如何处理自己的情绪、如何与他人交流等，都会被孩子学习和吸收。

以临床心理研究为例，和有精神疾病的成人一起生活的孩子，长大之后，出现精神问题的概率也会大幅度增加。

因此，情绪波动大、容易暴躁的父母，往往很难让孩子稳定、平静地学习，也很难期待孩子的情绪管理能力会很好。

任何人都有情绪，那么，父母该如何做呢？

情绪能力发展的第一步不是管理情绪，而是认识情绪。

在美国的社会情感发展研究中，不管是父母还是老师，都可以和孩子一起去学习自己的情绪类型，并描述自己的情绪感受。

我们在家庭中也可以开展此类的活动。如果妈妈因为孩子写作业发火了，千万不要"理直气壮"地认为这都是孩子的错。平静下来，一定要和孩子去交流为何发火，发火这种情绪是什么感受。父母也可以跟孩子一起练习表达自己的感受。

我曾经遇到过一个"学习不好"的孩子。这个孩子的性格很好，但是，我发现他很难集中注意力学习。认识他的父母之后才发现，他的父母经常因为一些事情吵架。吵架的时候，情绪非常暴烈。即使不是针对孩子，孩子也会非常不安。这个孩子渐渐出现了情绪不稳定的情况，甚至有一次跟爸爸说，想自杀。

这时候，爸爸突然意识到自己同妻子的关系极大地影响了孩子的状态。可喜的是，孩子的爸爸和妈妈开始关注教育，关注儿童发展，并开始从事跟教育相关的工作。他们从不了解孩子，到了解，再到自我成长，整个家庭的情绪和情感状态越来越顺畅。孩子的学习状态也逐步得到改善，学习能力和学习成绩都在半年内有了明显的提升。

可以说，这个孩子的学习能力根本没有问题，有问题的是家庭环境带来的情绪影响。

没有被表达的情绪感受才是最危险的。

我还遇到过一个家庭。孩子的父母长期异地生活，相互之间的沟通和情绪表达都很少。这个孩子在一种隐形的"不安全感"和假性的"和平"家庭中长大。到了青春期这个重要探索时期，孩子的不安全感在她做升学选择、应付日常学业的过程中，爆发出来，出现了严重的焦虑症。

随着逐步深入到家庭环境中，我发现孩子父母的情绪管理能力都很差，坏情绪随时容易爆发。

很明显，虽然孩子小时候情绪问题没有显化，但是随着日积月累，出现了更加严重的后果。

积极心理学大师马丁·塞利格曼在《教出乐观的孩子：让孩子受用一生的幸福经典》一书中指出，孩子的情绪状态受到父母的极大影响，逐步积累会形成乐观或悲观的思维状态。这与未来抑郁比例成正相关。

如果父母是悲观的，孩子就会受到他们悲观思维方式的影响，容易产生悲观的情绪。如果父母对孩子的评价方式总是消极的，也会让孩子产生消极的情绪。

如何支持孩子建立积极情绪

成为情绪积极的父母

父母能否进行良好的情绪管理，是否是积极乐观的人，会对孩子的情绪状态产生很大的影响。而情绪状态是可以进行管理的。

成年人，特别是为人父母，要相信自己可以管理情绪，并要练习认知和掌握情绪，这样才会对孩子的成长产生积极的影响。

比如，很多年轻妈妈会问我："我有时候真的非常烦躁，忍不住对孩子发脾气，怎么办？"

这个问题非常普遍。首先，我们并不是要求妈妈们没有情绪或者只有积极情绪，而是要了解情绪是什么，如何对待情绪。当我们因为孩子而发脾气的时候，一定要在平静之后和孩子进行沟通讨论，而不是"装作没事"，或者掩盖自己烦躁的情绪。

这时候，妈妈可以说："对不起，宝贝，我因为工作的事情，非常烦躁，对你发脾气了。"也可以说："因为你把玩具弄得乱七八糟，所以我非常生气，但是我不应该对你乱发脾气，希望你能理解。"

很多时候，大人的情绪源头可能不是孩子，但如果把脾气发到孩子身上，孩子就会将错误归因于自己，继而形成自责、内疚的感受，这会对孩子造成很大的伤害。

建立安全真实的亲子关系

在发展心理学中，安全依恋关系是讨论所有家庭教育实践的第一步。孩子和妈妈之间形成的紧密关系，是孩子成长发展的基石。安全依恋关系的形成来自于妈妈对孩子及时、稳定、无条件的回应。

在婴孩时期，因为这种及时、稳定和无条件的回应，孩子对外界的认知便是："这个世界是安全的。"在这种安全的关系和环境中，他可以成长为情绪稳定的孩子。

而如果父母的关系不稳定，或者情绪非常暴躁，很容易让孩子感觉到不安全，情绪状态也会不稳定。

真正关注孩子健康成长的家庭会意识到，多花时间陪伴孩子，建立真实的、安全的亲子关系，比任何"名师班"都重要。

有助于梳理情绪的共读时间

有很多非常棒的绘本和故事，可以帮助父母和孩子一起认识情绪，进行情绪管理。

我非常喜欢的一个绘本，叫作《我的情绪小怪兽》。这个绘本通过不同的颜色和一个个小故事，引导父母和孩子一起认识自己情绪状态。这样，孩子在有情绪的时候，就可以表达出来，父母也有机会和孩子建立很好的亲子关系。

其他情绪类的绘本：

《毛毛兔儿童情商管理》（*When I'm Feeling*），塔斯·莫罗尼（Trace Moroney）著。

《菲菲生气了》（*When Sophie gets Angry*），莫莉·卞（Molly Bang）著。

《杰瑞的冷静太空》（*Jerry's Cool Place*），简·尼尔森（Jane Nelsen）著。

建立情绪日志时间

及时进行情绪管理和训练，是营造良好亲子关系非常重要的前提。

非常建议大家做的是练习记录情绪日志。

情绪日志是帮助我们对自己的情绪进行认知和思考的一种有效方式。可以准备一个笔记本来专门记录情绪，并定期做复盘。

记录方法：

1. 记录情绪发生的时间、地点和相关人物。

2. 记录具体的事件和感受。对感受的记录要具体，可以从前面的阅读时间中学习表达情绪的词汇，来辅助表达。

3. 思考从这些事件中折射出的感受和需求。

情绪日志

情绪描述	发生的时间/地点/情景	语言/行为描述	真实需求
非常生气	晚饭后，在家里，看到儿子又在学习的时候偷玩手机	指着儿子说："你怎么又偷着玩手机？多少次了？你不长记性吗？"	希望儿子能独立自主，专心写作业

建立情绪日志之后，可以和孩子就日志的内容进行交流，帮助孩子认识和梳理自己的情绪，更了解自己。

稳定的情绪是孩子享受学习的基石

通过对这一章的阅读，希望父母可以从孩子的学习方法和策略本身跳出来去看待孩子的学习。作为学习的主体，孩子是一个完整的、有喜怒哀乐的小人儿。关注孩子的情绪，才是培养真正享受学习的终身学习者的开始。

情绪的发生和亲子关系有着重要的关联。父母的情绪状态和管理，与孩子的关系建立，都将非常重要地影响孩子的情绪发展和学习能力。因而，学会认知情绪、管理情绪、培养积极的情绪状态，是父母和孩子一起成长的重要课题。

家长实践小帮手

1. 建立自己的情绪日志，在亲子互动的过程中，将产生的好的或不好的情绪，记录下来。

2. 拿出时间去反思，这些情绪的产生是因为孩子的表现没有达到自己的期待，还是因为自己本身的情绪起伏比较大，或是由生活中其他的事情引发的。

3. 和孩子去对话、讨论，在妈妈/爸爸发脾气时，他是什么感受。

4. 带孩子去认识自己的情绪，做关于情绪描述的讨论，而不对情绪做批判。

终身学习

04

学习真的能使孩子快乐吗

心流体验帮助孩子爱上学习

心流 · 布鲁姆学习金字塔 · 深度学习

如果我问大家，"学习会让你快乐吗？"相信很多人会回答，"买买买，吃吃吃，才能让我快乐。"而这一回答，其实有一个隐含的假设，那就是"学习本身是不能让人开心的"。

成年人的这一认知，往往会影响孩子对学习的认知。虽然孩子小时候会阅读到天昏地暗忘记吃饭，但很多孩子进入学校之后，却对阅读敬而远之。什么因素会引起这么大的变化呢？这是我一直非常好奇的问题。

我找到的其中一个答案就是，我们对于学习最基本的认知是，学习不能让人快乐，甚至学习让人痛苦。

这也是为什么，很多家长会对孩子说："宝贝，你学半个小时，我让你玩10分钟游戏。"或者"孩子，如果你这次考全班前三名，爸爸奖励你旅游一次。"

这样的说法，其实是在告诉孩子，学习是痛苦的，所以，我会给你补偿或者奖励。

如果带着这样的认知，恐怕孩子没办法真正享受学习。

而发展心理学的研究发现，学习是可以让人快乐的，甚至上瘾。

在这一章我想讨论的是，如何让孩子体验到学习的快乐。在这个过程中，我们会引入积极心理学中最重要的一个概念——心流。

学习可以让人感到快乐吗

哲学家亚里士多德曾经专门研究过什么可以让一个人幸福。他的答案有三个：享乐、自由和思考。他认为，在这三个层次中，思考能够带给人更内在、更长久的幸福感。

而在我们的日常生活中，谈到幸福快乐时，往往第一时间想到的是享乐。在向孩子传达什么是快乐时，也会把享乐放在首位：吃好吃的，玩好玩的，而很少有人对孩子说"学习可以让你快乐"，即使每个大人都想方设法地想让孩子爱上学习。

研究发现，学习真的可以让人快乐。这种快乐与思考一样，可以让人获得更长久的幸福感。

只是，我们当下的教育模式，过度强调结果、强调奖励，无意间弱化了每个人对学习的积极体验。在《心流》这本书中，作者米哈里提到了什么是"自得其乐"。自得其乐的意思是，我们的目标不是因为外界的奖励而产生的，而是因为内在的追逐和努力而产生的。如果我们因为乐趣而做一件事情，是否达成目标已经不是那么重要的了，过程中的喜悦感会自然产生。

这时，我们再看家长在陪伴孩子学习时所提议的奖励，可能在起着反作用。考试、荣誉、家长给的各种目标和要求，短期内似乎可以推动一个孩子去学习，但这都是外在的。这些外在的目标和压力，给孩子的是假性的驱动。而整个学习过程，会因为过度追求结果而变得没有乐趣。

在提出学习真的可以让人快乐的时候，我们可能需要重新关注学习的过程，以及学习的体验所带来的内在状态。

引导孩子对学习产生积极认知

大家有没有过这样的体验，在阅读、运动，或者做手工的时候，常常会忘记时间，并感觉自己非常厉害，有一种受到挑战，但是很有信心可以做到的感受。等完成这件事情的时候，才发现已经过去了四五个小时，肚子也饿了，而在认真做事的过程中，却毫无察觉。

这种感受从积极心理学上来讲，叫作"心流"。

心流体验是积极心理学家米哈里·契克森米哈赖，在探索如何在一个变幻莫测的世界中获得幸福感时提出的。他将心流定义为："个体的注意力完全投注在某项活动上，并同时感受到高度的兴奋和充实感。"

从这个定义来看，心流本身就是一种非常美妙的体验。

那么，在做什么活动的时候，容易产生心流体验呢？

1．感兴趣的活动

2．可以让人专注的活动

3．有清晰目标的活动

4．能得到立即反馈的活动

5．能够拥有控制感的活动

6．有一定挑战，但是通过练习可以完成挑战的活动

下面的坐标图可以帮助我们非常清晰地理解这些活动的特征。

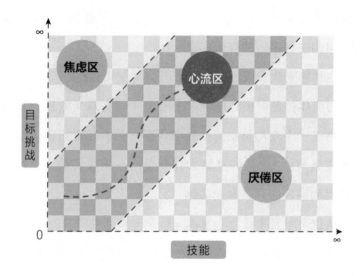

从这个坐标轴来看，当我们挑战一项难度稍稍超出自身能力的活动或学习时，比较容易进入心流的状态。并且，这项活动要有明确的目标，可以得到立即反馈。

比如，我在大学的时候，非常喜欢打羽毛球。往往在和稍微比我强一些的对手打球时，容易进入心流感受。如果对手比我强很多，我便老是掉球、失分，非常容易焦虑和崩溃。但如果对方水平不如我，我就会很不耐烦。这个过程其实就是孩子在学习时常常经历的。

如果学习内容对自己来说很容易，那么，孩子会觉得非常无聊。如果学习内容非常难，那么孩子又会很崩溃，从而排斥学习。

这也是为什么，教学最重要的能力是能够观察和理解一个孩子现在的水平和能力，然后提供给他稍稍有挑战性的任务和体验。在这样的状态下，有心流体验的孩子，自然会爱上学习。

转变对学习的认知，强化积极体验

如果我们能够转变孩子对于学习的认知，继而强化孩子"学习使我快乐"的体验，并让这种积极体验变多，孩子就更容易爱上学习！

很多家长跟我说，孩子不喜欢学英语，更不喜欢英语阅读，因为他们觉得英语很难，不好玩。

这时候，我都会对家长说，让孩子跟我聊聊吧。有一次，我遇到一个9岁的小女孩，像个小大人一样。我跟她用英语打招呼之后，她很快地变回汉语，跟我说："老师，我不喜欢英语。"我说："你不喜欢英语是因为觉得英语难呢，还是觉得学校的课不好玩，或者不喜欢自己的英语老师？"孩子想了想说，"学校的课不好玩，英语也难。"我说："那我跟你一起读一个绘本，看看英语是不是真的又难又不好玩，可以吗？"孩子很认真地说："老师，绘本我读过，太小儿科了。"我说："真的吗?你觉得故事是写给小孩子的?"她说："对,我觉得没有意思。"

这时候,我找了一个有绕口令的绘本。然后,对她说:"你要不要先挑战一下自己,看看自己有多厉害?"

孩子欣然同意,大声地朗读起来。读完之后,我非常认真并肯定地说："你的英语朗读非常棒!"

这时候,孩子笑了。我又问她："你要不要再加快一下速度,看看自己是不是可以读得更流利、更快呢?"

这个绘本的内容像绕口令一样,读得越快,越好玩。这个孩子开始有点胆怯,我就给她示范了一遍,还带她慢慢地朗读了一遍。

在我快速读了三遍之后,"争强好胜"的孩子说："老师,我也要试试!"

然后,她非常成功地读完了三遍!我给她热烈地鼓掌,并及时反馈："你的英语朗读进步得好快啊!"

这时候,我问她："你觉得英语难吗?"她说："不难。"我又问她："你觉得英语好玩吗?"她说："真好玩啊!"

这个孩子后来加入了我们的课程,进入更高阶段的课程学习。

为什么我可以成功将孩子引入英文学习中呢?

首先，这个孩子的难题是，她对"英语难、不好玩"的认知已经形成，我们需要的是打破这一认知。其次，打破这一认知，重要的不是说教，而是让孩子去体验。体验的时候，应该寻找对孩子来说真正有意思的内容，让孩子觉得既有挑战性，又可以完成，体验到自我挑战的快乐。

对于很多孩子来说，不喜欢学习，不是能力问题，而是没有体验到学习的快乐。还有很多孩子，因为总是面对低认知水平的学习任务，所以很难体验到挑战的快乐。

然而，家长更多的是"说教"，老师更多的是"讲解"。他们忘记了，孩子才是真正的学习者。只有让孩子去尝试、体验、学习、挑战自我，才会真正爱上学习。

心流造就学习的体验和深度

其实，孩子的心流体验是非常多的。比如玩乐高、读书、运动时，都会产生心流体验。反而是家长不小心破坏了孩子的这种心理体验。

所以，家长首先要做到的是，不要过度按照自己的意愿来安排孩子的时间，要尊重孩子的学习方式和状态。

非常多的家长会按照成人的学习或工作方式给孩子做一张"时间表"。重视时间表，而忽视孩子的心流体验，是最错误的做法。

我自己就有这样的经历。小时候，我从哥哥姐姐那学会了做"时间表"，便将时间精确安排到五分钟、十分钟。比如，早上8:00—9:00学语文，休息10分钟后继续学数学。

一开始，会执行得很到位。可是后来，我发现自己经常会在学习语文半小时之后开始分心，总是想什么时候才到一个小时啊，一会儿数学要学什么呀。或者，有的时候不想学语文，却还是硬要按照时间表的安排，坐在书桌前，挨时间。

那个时候，我们更重视的是有没有"按照时间表"学习，而没有关注单位时间内的学习质量和深度。

所以，家长需要从关注孩子的学习时长转变到关注孩子的深度心流体验上来。

不妨拿出一些时间，和孩子讨论一下他们的心流体验。

1. "你在学什么的时候，最开心呀？"

2. "你在学什么的时候，觉得时间过得最慢呢？"

3. "在什么情况和状态下，你觉得学习特别开心呢？"

这样的小讨论，可以让孩子关注到自己的学习体验，并根据实际情况将自己调整到最优的状态。

同样，如果发现孩子在某些学科中或者某种学习方式下，容易产生心流状态，那么就可以鼓励孩子去创造更多这样的场景和体验。

学习过程创造心流

在一个关于心流与学习效果的研究中，有一个特别有趣的发现。如果以学习任务为导向，学生进入心流状态后，可以更好地学习。而如果以学习结果为导向，虽然学生也会有心流体验，但是学习到的新知识并不多。在日常生活中，家长对学习过程的强调应该多于学习结果。

以玩乐高为例，真正吸引孩子的是玩乐高的过程，而非最后的结果。在学习上，如果我们引导孩子去体验学习过程的乐趣，琢磨学习方法和策略，并逐步训练，就会帮助孩子在学习中创造心流状态。

科比在《科比的缪斯》这一纪录片中说，"如果前59场都是失败，那么，这前59场都是第60场成功的练习。"

关注学习过程的学习者，会思考如何优化自己的学习方法。正如球员不断地去练习、挑战自我一样，学习过程也可以是这样不断"刻意练习"的过程。而这样的过程，会让人产生心流。

非常值得注意的是，对学习过程的关注，也正是在培养孩子的"成长型思维"。不因结果的成败而持续地学习和练习，是成长型思维的核心。当我们以学习过程为导向的时候，孩子会相信不断地练习和成长是很重要的，而不会因为一个失败的结果而放弃尝试。

这也是我特别想分享给大家的一个观点，"学习过程本身足够有意思"。只有想清楚这一点，家长才不会用"玩游戏""旅行"等说辞去劝孩子好好学习，老师也不会用各种所谓的"有趣的活动"去引导孩子学习了。

学习层次不同，心流体验不同

在讨论心流的时候，我们讨论的是学习质量。家长大多数时候关注的都是孩子是不是在学习，是不是坐在书桌前写作业，是不是专注，而对于学习深度和学习质量却很少关注。

在针对学习的研究中，早在 1956 年，本杰明·布鲁姆就对学习进行了分层。他的研究发现，学习可以分为记忆、理解、应用、分析、评价和创造这六个层次。

布鲁姆分类学

学会发展

学会做到

学会知道

创造 — 创作全新原创的作品
设计、建造、推理、发展、规划、撰写、调研

评价 — 辩护立场或决定
评价、辩论、辩护、判断、挑战、支持、价值判断、评判、估量

分析 — 描述观点间的联系
区分、组织、联系、比较、对照、辨别、检验、实验、质疑、测试

应用 — 用新方法处理信息
执行、实施、解决、应用、证明、诠释、操作、安排、概述

理解 — 阐述观点和概念
分类、描述、讨论、阐述、识别、定位、辨认、报告、选择、复述

记忆 — 回忆事实和基础概念
定义、复制、列出、记忆、重复、陈述

建构主义
高层次思考能力

教学主义

在看这个分层时，通常我们的关注点都在前三个层次：记忆、理解和应用，而且关注最多的仅仅是最低级的一层——记忆。

试想一下，我们更喜欢坐在桌子前，背诵一个概念，还是动手去做一个东西，应用这个概念呢？我们更喜欢抄写文章，还是更喜欢创造呢？

很多人可能会好奇，为什么我们总是在进行一些"低层次"的学习呢？

因为越是低层次的学习，越容易看到学习的结果。而越往上，学习过程越复杂，越不容易被单一的数据衡量。

这也是为什么，学校的考试也更倾向于考查对某个知识的记忆，而不是让孩子去做一个项目。

而真正的学习，往往存在于更高的学习层次中。特别是在社会发展越来越迅速的时代，单纯靠记忆获取知识的学习方式，会逐渐被淘汰。更加复杂的、有深度的学习过程，越来越需要得到重视。

在 AI 时代来临时，越是只关注低层次学习的人，越容易被 AI 替代。因此，家长在关注孩子的学习时，也应该去看看什么层次的学习对于孩子来说更重要。

在对学习的研究中，研究者提出了"深度学习"的概念，即"掌握核心学术内容，建立批判性思维，解决复杂问题，有效沟通，同他人协作，学习如何学习，发展学术思维"。

在这七个维度中，除了第一个和第七个之外，其他方面在传统的学校环境和以考试为导向的学习中，非常难建立。为什么呢？因为我们还停留在较低的学习层面，比如很多培养批判性思维的课，其实只是在培养孩子的"辩论"能力。

我在留学时，曾经带一些中国的高中生申请美国的大学。在这个过程中，深度学习的这些维度都是美国大学希望能从中国学生身上看到的素质。那么，是不是我们在申请文书中写出来就可以呢？肯定不是的。

其实，不管是美国学生还是中国学生，都需要通过实践或家长的引导去锻炼一些能力。

以沟通能力为例，在申请过程中，和学科老师保持沟通，有助于老师更好地理解你，而越是了解你、关注你，越能更好地帮助你。在这里强调沟通，是因为这一项能力是我们学校文化中非常少关注的，而美国的学校却非常关注。

再以"学习如何学习"为例，虽然听起来有点拗口，但其实是认知心理学中一个极其重要的研究领域，叫作"元认知"。

学习如何学习，简单来说，指的是孩子是否关注和复盘自己的学习方法、学习策略和学习状态。优秀的学习者并不只是跟随着老师的脚步，被动学习的，而是有自己的学习方法和策略，并不断地去修正自己的学习策略。建立自己的学习方法和策略的能力，就是元认知能力的一种体现。

元认知能力不是天生就有的，而是后天发展出来的。特别是在青春期，大脑前额叶充分发展之后，孩子的抽象思维能力、策略规划能力也开始随之发展，元认知能力也开始随之建构。很多家长觉得小孩子根本不会规划时间、规划学习，其实是因为这种能力在青少年以后才会发展。

所以，在关注孩子的学习时，我们是否也关注了孩子深度学习的能力呢？有的维度，如"有效沟通""与他人协作"，是需要通过实践得来的；而有的维度，如"学习如何学习"，则需要大人的引导，并且给孩子去试错的时间和空间。

从上文提到的两个深度学习的能力中，我们可以思考，在孩子每天的学习过程中，哪些学习活动是在发展他的深度学习能力，哪些学习活动是浅层次的、没有挑战性的。这样我们就可以发现，孩子不喜欢某个课程，多是因为课程的内容和活动无法让孩子感受到挑战性和自我成长。体验不到深度学习之快乐的孩子，也就没有办法进入心流状态。

如何帮孩子建立心流体验

在前文中，我们提到了心流体验和深度学习。接下来，我将一步一步地说明，如何帮助孩子产生更多的学习心流体验。

进入心流，需要"仪式"

在对自己的心流体验有了认知之后，家长和孩子都可以发现自己最优的学习状态是在什么情景下出现的：周围是什么样的环境？安静还是嘈杂？独自学习还是与他人讨论？

这个过程可以帮助孩子很快理解自己进入最佳学习状态的方法。

自从关注心流体验后，我发现自己常常出现心流的环境是：①有古典音乐；②有一杯咖啡；③在独立的房间或者相对安静的地方；④使用不联网的电脑。

所以，我常常去一家咖啡馆，那里有好的咖啡，而且网络不好。在打开电脑的时候，我会先把古典音乐打开，戴上耳机，然后打开文档，开始工作或学习。

非常神奇的是，进入心流状态的时候，学习和工作的效率是非常高的。有一次，我在 3 个小时内写了近 1 万字。在我写完之后，才发现已经是午饭时间，再一看自己写的内容，是在平常的状态下，两三天才会写完的量。

在我自己的案例里，大家可以看到，进入心流的"仪式"可以帮助我们快速进入心流状态，并且大大提高了学习效率和质量。

家长可以和孩子讨论什么样的"仪式"可以帮助他进入心流状态，然后让孩子去体验，并且及时给出反馈。

其实，在心流状态下，高效完成的学习内容和任务本身就是一个极大的积极反馈。

渐渐地，你会发现，孩子会对学习"上瘾"。

因为这样的体验太美好了！

建立任务导向型时间规划表

大多数家长在引导孩子学习的时候，经常和孩子一起制订时间表。而一张标注着"10：00—11：00 学数学"的时间表，并不能够帮助孩子建立这个时间段的核心目标，也不会帮助孩子思考怎样去学才能够达到最好的效果。根据心流的研究，我们可以引导孩子去做"任务导向型规划表"。

如果孩子有学习数学、英语和语文的任务，就可以把这三科分到上午、下午和晚上去学习。在任务导向型规划表上写清楚任务目标，比如，英语：阅读《瓦尔登湖》的第 1 ~

3 章，并记住新词汇。

这样，在孩子花时间完成这项任务之后，会非常有成就感。

同时，因为没有具体设定要在多长时间内完成，所以孩子如果对其中某个部分非常喜欢，可能会反复去读。

我们常常看到的时间规划表是这样的：

时间	周六	周日
7:00—8:00	早起 & 听音频	早起 & 听音频
8:00—9:00	数学	英语
9:00—10:00	写作业	语文
10:00—11:00	英语课外班	写作业

而根据不同的任务做成的任务导向型规划表是这样的：

任务	周一	周二
早上	精听一篇 TED 演讲，并写出大意	厘清数学概念，并做 5 道相关练习
下午	阅读文言文，并背诵×部分	数学课外班，弄懂×部分
晚上	英语课外班，专注听课	完成语文作业，并复习×课

这样的规划表更有利于孩子产生心流体验，进行有质量的学习。

家长参与讨论，不干预学习过程

在这个特别重视孩子学习的社会里，很多家长成了孩子的"辅导老师"。而大多数情况下，家长的过度"辅导"，对孩子学习能力的建立有害而无益。

在我教学的过程中遇到过很多类似的情况，家长的"辅导"实际上是在弱化孩子的学习能力和兴趣。

比如，在孩子学习英语阅读课程之前，我们首先要进行测评，以了解孩子的英语水平和学习状态。我们的方式是让孩子放松地和老师用英语聊一聊，再一起读一个小绘本或者故事。

面对测评，往往会出现两种状况：

第一种，家长非常重视这个测评，把它当作孩子的又一项"考试"，所以，在测评前不断地询问老师会"考"什么。孩子也会过度重视，以至于在真正的互动中，由于过于紧张，而没办法发挥出自己正常的水平和能力。

第二种，妈妈的英语水平还可以，于是，在孩子和导师进行全英文聊天的时候，妈妈一直在一旁小声地翻译，或者在孩子阅读的时候，帮助孩子小声朗读。

我们可以非常确定地说，这个妈妈在剥夺孩子的学习能力。为什么呢？英语是一种语言，需要孩子自己练习。就好比一个婴儿学习走路，如果妈妈老在一边扶着，这个婴儿很难真正平稳而有力地往前走。

我们还发现，很多家长对孩子学习时的"坐姿"和"状态"有严格要求。但从科学研究来看，其实每个人都有自己的学习状态和方式。甚至有的人是"运动导向型"学习者，也就是说，这个人边运动边学习的时候，效果最好。

所以，家长以自己的经验辅导孩子，会限制孩子的学习方式和状态，导致孩子没有自己的空间去探索自己最好的学习状态。

那么，是不是家长直接放手就可以了呢？

其实不是的。每个孩子都非常看重家长对自己的反馈。而且，在不同阶段的学习中，孩子需要家长不同方式的引导。

以英语学习为例。语言学习需要长线地、不断地练习，一般的孩子很难自然形成每天朗读和练习的习惯。这时候，就需要家长来做支持和引导。有一个 7 岁的孩子，来学习之前，英语几乎是零基础的，但家长非常认真，每天提醒孩子去做朗读小练习。渐渐地，孩子就养成了打卡的习惯。在春节的早上，还在继续打卡。通过坚持和努力，这个孩子的英语能力在半年之内有了大幅度的提升。

在这个例子中，家长做得很好的一点是，只做学习习惯的提示者，而不具体参与学习的过程。孩子能够在正确的引导下，找到适合自己的学习方法与方式。

当然，我们也遇到过，对孩子学习完全放手的家长。对于小学阶段的孩子来说，完全放手，会有风险。因为孩子的学习不会一直顺利，会出现高低起伏的状况。如果不积极关注，可能会导致孩子对学习形成错误的认知，或者对某个学科失去兴趣。

我建议家长尝试建立"学习型家庭"。一个捧着书的爸爸，肯定比一个玩着手机，却给孩子讲大道理的爸爸，对孩子的行为有更积极的影响。如果家长能够逐步体验到学习的快乐，那么，也会自然地传递给孩子。

在孩子的学习中，不妨和孩子一起去完成一个项目，比如一起做一顿晚餐，这是一个可以培养孩子时间安排、人员搭配、材料准备等协调规划能力的好项目。

家长也可以发起和孩子的学习讨论。比如，每个月都安排一个时间，问一问孩子在学习过程中，什么时候最开心，什么时候觉得无聊，哪一科目学得最好等。家长也可以分享自己阅读或者工作中的一些体验。这样的讨论，既可以帮助我们看到孩子学习过程中遇到的挑战，也可以让孩子感受到家长对自己的重视，可谓一举两得。

家长实践小帮手

自我成长与孩子成长同步：

1. 回顾自己一周的工作和生活，看看哪些时间是专注而深入的，并记录下来。

2. 分析在进入这种状态前的仪式，是关掉手机，喝一杯好茶，还是听一首音乐？请记录下来。

3. 在未来的三周内，重复创造心流体验，并记录工作成果。

4. 与孩子分享自己的体验。

终身学习

05

家长到底要不要"管"孩子学习

内驱力培养的关键

内驱力・外驱力・三角模型

四年前，我遇到我第一个申请美国大学的学生。她17岁，在美国读高中。第一次见到她，我就发现这个孩子阅读量很大，她跟我说她想成为一名作家。因此进行大学申请时，她想进入创意写作系。虽然她在美国一所不错的私立高中是学霸，可是要进入美国大学的创意写作系，就意味着她要和其他母语是英语的人来竞争。这是极大的挑战。

但是，她从没有因此而退却。在我做她申请导师的一年半时间里，她一边准备申请必需的标化考试，一边申请去哈佛读创意写作的夏校。在她读夏校的时候，我在中国。我们每天在晚上11点（她所在地时间）讨论申请文书，讨论完12点多，她还要完成当天的写作作业。她会在第二天早上6点起床，去咖啡厅边吃早餐边写东西，然后9点去夏校上课。整整两周，她都是这样度过的。

当然，这只是她夏校期间的一个生活缩影。整个高中时代，她读了非常多的书，选修的是俄国文学等一般高中生不会选修的课程。而这一切，都是她自己去选择，去做的。

很多家长读到这里可能会想："这真是'别人家的娃'

呀。"其实，如果我们理解一个孩子为何有动机去做一件事情，并了解他们的心理发展水平，那么也可以培养出像这样有内驱力的孩子。

发展心理学中对于驱动力（motivation）的研究非常多。一个有内驱力的人，可以自主地安排学习、工作，并按照计划完成，因此而获得成就感。一个有内驱力的人，有着强烈的目标感和面对挑战的信心，会不断地去努力，以达成自己的目标。甚至，可以将不可能变为可能，最终成就自己的梦想。

那么，从发展心理学的角度来看，内驱力是如何形成的呢？家庭教育和孩子内驱力的发展有什么关系呢？

什么是内驱力

在很多微信文章里，经常有关于"老母亲陪孩子写作业，气出心脏病"的故事。孩子不喜欢写作业，听到"学习"两个字就跑掉了，或者拖拖拉拉几个小时完不成。家长对于孩子"主动去学习"的愿望好像只是一个空想。

可是明明孩子小时候是特别渴望学习的呀？当他们还是婴儿的时候，喜欢把所有能够接触到的东西都放进嘴里尝一尝，想要知道那是什么；能够爬到的地方，都要仔细探索；能够翻书的时候，会不厌其烦地看。孩子明明是天生的学习者，为何慢慢失去了学习兴趣和动力呢？

我们不妨仔细回溯一下，哪些因素会削弱孩子的内驱力，哪些因素可以支持内驱力的发展。

孩子在去学校之前，家长对孩子玩耍和学习的态度是怎样的呢？不管是玩乐高、看书，还是出去疯跑，都挺好的。而一进入学校，家长便开始关注孩子的"成绩"。这时候，数学、英语、语文，通通来了。对于六七岁的孩子来说，如果还要去上很多课外班，他们对学习的认知便是"学习与生活无关，只跟课堂有关"。如果上课内容又非常枯燥，孩子就会对这门学科形成消极的认识。许多孩子对某一科目喜欢还是讨厌，就源于对第一位老师的感受。

不仅如此，孩子去了学校之后，还有了大量的考试。考试结果在不断地给孩子一个"评判"。考得好是好孩子，考得不好就是不好的孩子。这样的评判，对于孩子的学习兴趣和能力来说，是没有什么益处的。过度关注结果的家长，还会因为成绩不好而训斥孩子或者给孩子增加作业等。从孩子的角度来说，学习这件事因为考试变得痛苦。谁会去做一件让自己痛苦的事情呢？

即使是成绩不错的孩子，如果以考试为导向去学习某一科目，也可能会放弃自己真正好奇和关注的问题，而只学习与考试相关的内容。这也就是"好学生综合征"，只会考试。进入社会之后，他可能不知道自己真正喜欢的是什么，也没有办法很好地处理真实社会中的事情，内驱力也在这个过程中消失了。

那么，什么是内驱力呢？它与外驱力有什么区别呢？为何家长努力做了很多事情，反而影响了孩子的内驱力呢？

内驱力是指因为事情本身或者内在的愉悦感受而去行动的驱动力。

外驱力则是指为了获得奖励或者避免惩罚而去行动驱动力。

在这里要非常关注内驱力的关键词——内在的愉悦感。什么是内在的愉悦感呢？

举个简单的例子，有很多孩子特别喜欢踢足球，每天一放学就跑去踢球。这是因为他们在踢球的过程中感受到了活力和开心。这就是愉悦感。那么，促使这个孩子去踢球的内在动力，就是内驱力。

而一个不愿意出去运动的孩子，因为爸爸说"如果你去踢球，周末给你买一个飞机模型"，或者因为老师说"早上不出去运动的同学，罚抄作业"而出去踢球，则是受外驱力影响。

从这两个例子中可以发现，表面上引发的行为结果是一样的——出门踢球，而驱动力却大不一样。

内驱力和外驱力的悖论

表面上看，内驱力和外驱力在短期行为上，都会促进孩子的学习，但内在真正推动的机制，以及孩子长期对待学习或者某件事情的态度，则会大不相同。

通过许多研究和我在教学实践中的观察发现，在内驱力的培养中，家长常常会犯两个错误：

1. 过度给予孩子物质奖励。

2. 过度地管孩子学习。

第一，过度的物质奖励，会减少孩子学习的内驱力。

在孩子小的时候，家长经常会这样说："宝贝，你读完这本书，妈妈奖励你一块巧克力。""宝贝，如果你这次考100分，妈妈就奖励你一件玩具。""儿子，这次篮球比赛，如果你赢了，妈妈就奖励你想要的篮球鞋。"像这种通过外在的物质奖励来驱动孩子学习的行为，在现实生活中屡见不鲜。

说到这里，就不得不提到行为主义心理学派的"斯金纳箱"实验。在斯金纳箱里，有一个可以按压后出来食物的杠杆。一只饥饿的小白鼠被放入箱子之后，通过偶然的按压，出现了食物。在反复的操作中，小白鼠发现了按压某个杠杆就会出现食物的规律。于是，它就反复地按压那个杠杆。

行为主义心理学家由此认为，人类的学习其实非常简单，那就是可以通过奖励或外界刺激等进行强化。而学习过程其实是非常复杂的，行为主义学派忽视了情感、情绪和意志力等因素在学习过程中发挥的作用。

人类是有自主学习能力和自我实现能力的高级灵长类动物。孩子从出生就有情绪、情感、意志力和思维能力，并不是被动的、需要通过反复奖励建立条件反射的小白鼠。所以，在阅读本书的时候，请时时刻刻去审视自己看待孩子的出发点。如果家长看不到孩子自我学习发展的内在需要，那么，就很可能会把孩子培养成一只为外在奖励而学习的"小白鼠"。

所以，在期待孩子拥有自主学习能力和内驱力时，首先要充分理解和相信，孩子对于自我学习和成长本身有着强烈的需求，而且孩子在学习的过程中可以获得满足和快乐。如果我们过度地使用外在奖励，只能让孩子认为"学习本身是痛苦的"。

内驱力研究中有一项实验特别好地证明了这一点。

有两组喜欢国际象棋的孩子被邀请进入两个房间，房间A和房间B。两个房间里都有国际象棋、咖啡、点心和其他的游戏。

在实验的第一个 10 分钟，实验员告诉孩子可以任意做自己想做的事情。然后实验员在外面观察两组孩子的行为。

在实验的第二个 10 分钟，实验员告诉房间 A 的孩子，如果在规定的 10 分钟内破掉某一个棋局，就会有金钱奖励。而房间 B 的孩子则只有破解棋局的任务，而没有任何奖励。

10 分钟之后，实验员又告诉两个房间的孩子，还有一个新的破解棋局的任务。而完成这一任务，没有任何奖励。

这时候实验员发现，房间 A 的孩子在这一阶段的参与度大大下降，而房间 B 的孩子依然沉浸在破解棋局的任务中，非常开心和兴奋。

在两组孩子都认为"下象棋很好玩"的情况下，金钱奖励反而降低了房间 A 孩子的兴趣和参与度。这也非常好地证明了外在奖励会减弱孩子学习或者完成任务的内驱力。

家长常常就是在孩子自己沉浸在某项学习或任务时，突然"自作聪明"地闯入，告诉孩子，做完这项任务可以获得物质奖励的"实验员"。而孩子这个迷人而复杂的生命体，反而因为奖励而失掉了对学习原有的兴趣。

举一个很常见的例子。如果一个孩子本来就很喜欢上英语课，每周都会主动去上课，那么说明孩子本身是具有内驱力的。但如果妈妈过度要求，不断说，"你好好上英语课，考 100 分，我就奖励你去参加夏令营。"可能反而会让孩子的内驱力大打折扣。或者，在完成了去"夏令营"之后，在上英语课这件事情上的驱动力会减弱。

第二，过度地管孩子学习，也会减少孩子学习的内驱力。

很多 70 后和 80 后的家长，常常一边陪孩子写作业，一边叨唠，"妈妈小时候，没有人管学习，一样认真、按时写完作业，你怎么就这么费劲？"

殊不知，过度管孩子学习的家长，反而很难培养出一个"没有人管也想拼命学习"的孩子。

为什么呢？

第一，如果一个孩子从很小的时候，时间和任务就是妈妈给制订好的，那么，这个孩子是没有时间和空间去学习如何自主管理时间和任务的。

第二，如果孩子学习的内容、需要完成的任务，都是别人规定好的，他怎么会喜欢去做呢？

但是在现实生活中，家长往往一边想让孩子有内驱力，一边天天督促孩子写作业，让孩子去上自己小时候没机会学的钢琴课、舞蹈课。而孩子自己的兴趣却被忽略了，时间规划能力也无法得到锻炼。

我曾经遇到过一位家长和孩子。在一个外教试听课上，一群五六岁的小孩围坐在外教周围，而其中一个小孩的妈妈，却坐在女儿的后面。在外教和孩子互动的时候，其他小朋友都是自己争抢着回答问题，这个女孩却不断地回头看自己的妈妈。妈妈要么会给她提示，要么示意她站起来回答问题。

在旁边观察的我，内心有一种极大的担心。那就是，这个孩子在去学校之后，如何能够真正参与到课堂学习中呢？如何能够有信心、有能力和其他人互动呢？没有互动的能力，怎么体验到学习的快乐呢？没有学习的快乐，怎么会喜欢学习呢？而这一切都是被旁边那个自以为"很用心"的妈妈剥夺的！

如果大家留心观察，会发现现在"用心"的妈妈太多了。孩子本来应该自己去学习、去经历、去犯错，而妈妈却出面挡住了这些机会，孩子的能力因此无法得到训练，内驱力就更无从谈起了。

在这里，我热切呼吁，把对学习的自主性还给孩子。家长不要把自己当成"万能的人"，如果是这样，也就不需要老师了。

那么，有人可能会问，家长怎么可能"撒手不管"呢？很多教育专家不都是让家长关注孩子、参与孩子的成长吗？其实，把学习的自主权还给孩子绝不是对孩子的任何事都"撒手不管"，爱与管教要有一个平衡点，那就是形成"安全依恋关系"。

依恋关系是由英国精神病学家约翰·鲍尔比最早提出的。他在研究与母亲分离的儿童的精神状态和所受的创伤时，发现个体的精神健康与抚养者的关系非常密切。这种关系的质量会持续影响一个人的一生。安全依恋关系则是指一个孩子在婴儿时期因获得稳定的、及时的回应和照顾而产生的安全感。这种安全感是一个孩子在未来敢于独立去探索世界的基石。

这是什么意思呢？

就是孩子在婴儿期会和父母形成一种紧密的依恋关系。这种依恋关系始于父母照顾他、回应他，给予他食物和爱。如果在孩子婴儿期时，父母可以及时地去回应他的需求，孩子就会形成一种安全感。在他的成长过程中，这种安全感会持续地发展，成为一种力量。这种力量就是一个孩子敢于去探索、去学习的基本力量。

健康的依恋关系和父母状态是：让孩子尽情地去成长，爸爸妈妈是孩子失败、摔跤时，可以依靠的港湾。

这样的态度是帮助孩子形成内驱力的关键一环。

我们可以想象一下一个有内驱力的孩子的状态：每天提前安排好时间和学习任务。自己可以在自主安排的时间里，主动完成计划，并且能够在学习之余，出去运动，或者情不自禁地去阅读。

这样的孩子存在吗？存在。

2019 年我去美国的私立高中访问的时候，发现了一群这样的初高中生。他们住在学校里，爸爸妈妈都不在身边，老师也只是白天上课的时候才在。当然有很多孩子有宿管老师，但是宿管老师只会提醒电子设备的管理时间，有的也不管。没有人像"妈妈"一样，从早到晚地提醒。但这些孩子却能够自主地管理自己的时间，按时上课、完成课业。自己去预订音乐练习室，或者壁球训练场。

有人可能会说，这些孩子一定从小就被管理得很严格吧？

其实这些孩子的家长有很多都有自己的事业，非常繁忙，并没有在他们小时候天天跟着他们。

那这些孩子的内驱力是如何培养的呢？

内驱力三角模型

在动机研究中，有一项研究非常好地帮我们阐释了内驱力模型和建立过程，这就是非常有名的"自我决定理论"。

自我决定理论由著名心理学家爱德华·德西和理查德·

瑞恩提出，强调自我在动机过程中的能动作用。这一理论的前提是：

1. 相信每一个孩子都是天生的学习者。

2. 自我学习和自我实现是每一个个体的内在需求。

在这两个前提下，我们的内驱力会受到三个方面的影响：胜任力、自主性、联结感。

这三者是如何影响一个人内驱力的建立呢？

胜任力是指一个人精通某件事或者对某件事有成功的体验。比如，孩子在学习数学的时候，题目会做，考试成绩也不错，或者，孩子对某项运动非常擅长，这样的体验会让孩子对一项学习内容或者技能非常有自信，觉得"我可以"。

而在具体的实践中，胜任力是我们在谈到内驱力的时候，经常会忽略的一个方面。孩子去学习一门新的技能或者课程时，能够体验到进步和成功，是他想持续学习的动力。一个孩子对某一项学习的兴趣减弱，往往是因为一些失败的经历。孩子需要通过拥有"我可以"的感觉来进行持续的学习。

当孩子学习兴趣减弱，或者有挫败经历的时候，恢复内驱力的关键，并不是找一个"神通广大"的老师，而是具体地分析孩子出现挫败的原因。然后根据具体的问题，进行练习，让孩子重新体验到"我可以学会"的感觉。再持续地进行练习和反馈，直到孩子在这项学习中，体验到成就感。

自主性是指一个人对于学习或者工作的内容感觉有自主选择的空间和能力。在学习上，自主的感觉可以体现为，可以选择想学的内容，可以选择学习的时间和方式，甚至可以选择和谁一起学习等。

在学校中，孩子往往不能自主选择学习内容、学习时间，或者学习方式，这会对他们的内驱力有一定的影响。

在家庭里，经常出现的情况是，家长给孩子布置额外的家庭作业，或者时间安排是由家长决定的。在孩子想阅读的时候，家长偏偏安排出去运动；孩子想运动的时候，家长偏偏安排了钢琴课。在这种状态下，孩子没有自主的感受，也就没法形成真正的内驱力。

联结感是指一个人和他人有联结的状态。比如，我们小时候经常因为喜欢一位老师，而特别努力地学习某门课程，这就是联结感所起的作用。值得注意的是，家长和老师的积极反馈，并不是外驱力，而是能够真正让孩子感觉到"我可以"的重要方式，有助于孩子建立信心和联结感。在获得他人的认可后，孩子学习的动力将大大提高。

我在美国读书时候，有幸接触到一个概念——导师。在西方，一个人在学习和成长过程中，遇见一位导师是非常常见的。比如，乔布斯创业，其实是有导师引领的。导师并不是那个教我们具体学科或者知识的人，而是真正看重我们、信任我们的人，在关键的时候，给予我们支持的人。这种信任和支持是无条件的，因而力量巨大。很多青少年叛逆的原因是感觉"父母做某件事是为了达到某种目的"。而一位真正的导师，会让青少年感受到一种联结感，从而激发深度的内驱力。

从这几个角度来看，不难发现，有内驱力的孩子是对某项学习有成功的经历、认为自己可以的孩子，并且会因为有自主选择的权利而持续去学习。如果老师和孩子的互动很好，经常给孩子积极的反馈，那么孩子将会在这份联结感的基础上，持续享受学习带来的乐趣。

在梳理了内驱力的三角模型之后，很多人会想，"原来这么简单"。那么，如何做，孩子的内驱力才会变强大呢？

"不管"，才能培养真正的内驱力

在内驱力的培养中，结合家庭现有的实际情况，我想提出"不管"的概念。

这个加了引号的"不管"，其实蕴涵着我们对于内驱力的理解和深刻思考。那么，具体"不管"什么呢？

不管具体学习

第一个不管，我总结为"不管具体学习"。

具体学习是指某一学科的学习，或者学习的具体过程。现在有很多家庭是妈妈全职带孩子，或者爸爸分管数学、物理，妈妈分管语文、英语。虽然可能孩子在刚进入学龄期时学习状态还不错，但是，在谈到内驱力的时候，我们要关注自己当下的行为对孩子未来的状态所产生的影响。

在 10 岁以前，孩子对很多学习内容都可以接受，不会产生很大的排斥。逆反和排斥的行为表现是在青春期开始的，之前受到过度管制的孩子会去寻求自我独立，从而爆发出强烈的逆反情绪。

对于学习来说，家长的跟踪辅导，是可以产生即时效应的。但是，缺乏独立思考、不去探索学习方法的孩子，在初中或者高中时期，学习能力无法得到快速提升。特别是在爸爸妈妈没有能力"陪伴辅导"的时候，孩子对于学习的主动性会突然下降。

打比方来说，在 10 岁以前，如果是靠老师把知识嚼一嚼喂给孩子，孩子吃掉，然后去"考试"，结果是没问题的，甚至比自己"吃饭"的孩子表现要好一些。但是，进入青春期以后，没有练习过自己"吃饭"的孩子，"吃饭"能力和"消化"能力则会大大下降。这时候，从小自己学着吃饭和消化的孩子，其能力便会凸显出来，成为"后来居上者"。

在第一个"不管"里，我想说，请让孩子自己拿着筷子吃饭、咀嚼，培养他吃到坏的东西能够吐出来，吃到不好消化的东西自己去消化的能力。

这样才能真正建立孩子的学习能力。

不管时间安排

第二个不管，我称之为"不管时间安排"。

时间管理是在谈学习时，常常提到的词。很多家长觉得，如果孩子能够学会时间管理，就万事大吉了。而问题是，时间管理本身反射的是一个人内在的心理状态。一个真正对某件事感兴趣的人，会自然地安排时间去做那件事。而对学习没有兴趣的孩子，只会通过拖拉，或者干其他事情去拖延时间。

同时，时间管理并不是家长想象的那样，如果孩子能够按照制订的时间表进行，就什么都完美了。第一，如果孩子遵循的是家长制订的时间表，他会感觉到自己失去了自主性。在内驱力上，自主性是极为重要的一环。第二，如果是家长去制订时间表，那么孩子自己并没有锻炼到时间管理的能力。让孩子去遵循家长制订的"完美"时间表，倒不如让孩子自己去探索时间问题。家长的角色只能是支持者，而不是质问者。

在一堂初中生的思维课上，我让孩子们提出自己在学习过程中遇到的问题。有很多孩子提到自己总是晚睡，第二天起床后效率很低。我们便去分析为何总是晚睡，是因为作业实在很多，还是没有高效的学习方法，学习效率低？在这个过程中，有孩子发现自己有"假装努力"的现象，通过晚睡来让自己感觉良好。通过这样的讨论，有很多孩子可以重新安排自己的时间了。

有一些家长的做法是，虽然让孩子自主安排时间，但是当孩子出现问题或者未能按时完成学习任务时，则会说："你看，你不按照妈妈的安排，又出问题了吧？"这种"结果惩罚"型的交流，会非常伤害孩子对家长的信任和对自己的信心。

在"不管时间管理"这一点上，我想提出的一个原则是，家长负责培养习惯，其他的交给时间。

比如，孩子小时候，家长可以安排亲子阅读的时间，这对于一个孩子来说，是极其宝贵的经历。亲子阅读，一方面可以让家长和孩子有高质量的互动，另一方面，可以让孩子养成阅读的习惯。

在孩子进入小学之后，家长和孩子可以设置一个独立学习和工作的时间，而不是给孩子安排时间干这干那。这样，专注工作的家长，也会给孩子树立一个榜样，孩子自然会去独立学习。

最糟糕的状态是，家长给孩子安排了学习计划，自己却在看电视或者玩手机。这样的情景，常常出现。这种做法，会让孩子在潜意识中形成"学习不如玩手机愉快"的认知。

不管未来发展

第三个不管是"不管未来发展"。

这个可能会让非常关注孩子发展的家长们大跌眼镜。去阅读相关的图书，去学习家长成长课程，去听教育专家的分享，都是为了孩子"未来成才"啊，怎么可能不管未来发展呢？

提出"不管未来发展"，是因为很多家长在孩子的学习上往往有非常强的目的感，而忽略了孩子的兴趣和感受，这样会极大地损伤孩子内驱力的发展。

从社会发展的角度看，家长很难去预估未来社会需要什么样的能力和状态，因而不应该根据当下的热门专业去选择孩子学习的内容。更关注孩子的兴趣和状态，尊重和发展孩子喜欢的东西和能力，才是对孩子未来发展最大的保障。

以现在互联网时代的佼佼者乔布斯、比尔·盖茨等为例，他们对于计算机的兴趣在十一二岁就开始形成了。而那时候，按照社会发展的状态，编程并不是大家以为的"重要能力"。而正是因为有尊重他们的兴趣、鼓励他们探索的家长，他们才得以花更多时间在自己感兴趣的计算机上面，在十几年以后成了新时代的缔造者。

从这一点上来说，无论在任何时代，那些厉害的家长，并不会按照过去的方法去培养孩子，而是会尊重孩子的自我和兴趣。家长需要做的事情是在孩子探索自我的路上，给予鼓励和信任。

如果大家留心，可以看到上述的三个"不管"，恰恰对应了内驱力培养的三个方面。

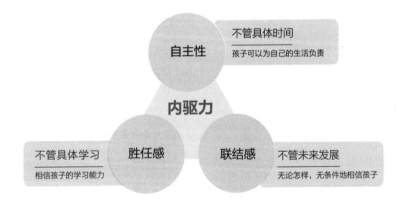

"不管具体学习"是还给孩子对于学习的胜任力，"不管时间管理"是还给孩子对于自主的体验，"不管未来发展"则是一个信任和支持孩子发展的家长该有的状态，它对应的是联结感。全力的信任和支持，会给孩子无限的力量，从而使他们乐于挑战自我和突破自我。

一个拥有内驱力的孩子，会极具生命力和爆发力。他未来的发展状态可能是任何老师或者家长都无法预知的。企图控制孩子未来模样的家长，只会抑制孩子成长的内驱力。

家长实践小帮手

根据内驱力的三角模型理解孩子的内驱状态：

1. 胜任力：孩子对某个学科的信心如何？信心来源于自己的能力以及老师和家长的积极反馈。

2. 自主性：学习这个学科是孩子的自主兴趣吗？在学什么内容、如何学、什么时间学的问题上，孩子有自主安排权吗？

3. 联结感：学习的内容和孩子关系大不大？老师是否和孩子具有良好的关系？家长是否以支持而非批判的态度，来看待孩子的学习？

4. 给孩子在该学科的内驱状态打分，如果分数较低，则分析这三个方面哪个方面比较缺乏。

终身学习

06

为什么孩子总是在
关键时刻"掉链子"

性格是孩子学习最隐形的力量

———

优势性格 · 坚毅力 · 兴趣

放放是一个从小聪明又伶俐的孩子，爸爸妈妈、爷爷奶奶发现他学东西特别快。小时候背唐诗，爷爷给他读三遍，他就可以记下来了；初学数字，就可以很快学会加减法运算。一家人都特别开心，心想，"我家的孩子可是个小学霸呀。"

　　在幼儿园，放放的确是个"小学霸"。他学得很快，也特别开心，甚至得意扬扬地告诉老师："爷爷教过我了！"

　　进入小学之后，前三年学习也轻轻松松，妈妈甚是欣慰。但到了四年级，情况有些不一样了。妈妈发现，放放经常不想去学校，做作业也拖拖拉拉的。家里人一安排学习时间，他就非常反感，经常就吵闹起来了。

　　放放妈妈不知道发生了什么，经常教育放放，可是他的学习根本不见起色，甚至有点适得其反。放放好像对学习失去了兴趣，开始玩起了游戏。

　　这个小学霸放放，怎么突然在顺水顺风的学习上，发生了这么大的变化呢？他经历了什么呢？家长在这个时候该怎么办呢？

通过这个案例，我们要来看一个大家常常以为跟学习无关的话题——性格。

性格发展与学习的关系

宾夕法尼亚大学积极心理学家安吉娜·李·达克沃斯教授，进入纽约的一个所公立学校做数学老师的时候，发现了一个她很多年没有注意到的问题。从小身为学霸的她，一直被灌输"智商很重要，智商决定一切"的观点。而她发现，自己所教的这些孩子，学习成绩并不是和他们的智商紧密相关的。有的孩子很聪明，但是学习没有耐心；有的孩子看似智商平平，却非常有韧劲，从而取得了好的学习成绩。一直成长在"智商至上"环境里的达克沃斯，决定攻读博士，弄懂这个让她迷惑的现象。

她的博士课题，研究的是美国著名的西点军校，她试图从这个选拔非常严格的学校中，发现成功的秘密。申请这所学校，不仅仅需要有非常优异的学术成绩，还需要坚实的人脉资源，更需要非同一般的意志力去经历不同层次的军事训练。

她在研究中发现，在申请西点军校的过程中，最可怕的不是那些高得吓人的标准化成绩，而是在正式录取前，需要参加一个 49 天的军事训练营——从早上 5 点到晚上 10 点，连续 49 天的体能和智力训练。最值得研究者注意的是，这个训练营看似是对体能和智力的训练，最终其实是对性格的考查。在付出了大量的资源和时间后，能够进入西点军校的人，有五分之一会在这个训练营中放弃。

从这一个层面来说，他们比拼的是是否具有绝不放弃的性格特点。

从这个研究出发，我们可以发现，在谈到学习的时候，性格是冰山下的那部分，我们很难关注到，但是又起着重要的作用。那么，什么是性格？性格如何在学习中发生作用呢？

什么是性格

达克沃斯教授创建的性格实验室提出，性格是指一个人的思维方式、行为以及对他人和自己有利的感受。性格是一个复杂的概念。因而，性格实验室将性格分为了三个方向，第一个方向是心灵，第二个方向是思维，第三个方向是意志。

可以这样说，我们在学习的时候，不仅仅是眼睛参与，大脑反应，还有其他层面在发生作用。比如心灵层面，我们是否感觉到能够学习是一件非常幸运的事；思维层面，是否能够带着思考参与到学习中；意志层面，在遇到挑战的时候，是否有坚持下去的力量。

还以本章开头中放放的故事为例，我们看一看他遇到的挑战是什么。

在四年级前，放放在家里学的内容可以帮助他很轻松地应对学校的任务。而到了四年级，课程内容开始变难，有一次考试，他考得很差，因此非常沮丧。而这时候，妈妈还把他骂了一顿。

放放发现学习不能再带给他光环了，他开始逐步丧失信心，放弃了学习这件事。

从这个过程来看，放放的学习能力是没有问题的，那么是哪里出现了问题呢？第一是家长，忽略了孩子阶段性爬坡的学习状态。当孩子考试没考好的时候，妈妈只认为是孩子不够努力。第二，因为放放从小学东西特别快，得到的都是夸赞，所以，一旦学不好，遭到批评，就不知道如何面对了，继而会轻易放弃。

其实，有很多孩子，学习状态变得糟糕，根本不是学习能力的问题。能否长期对学习感兴趣，并坚持不懈，起到很大作用的是性格。

那么，如何培养孩子的性格呢？

优势状态带动短板状态

一谈到性格，有些家长就会问，"我希望我的孩子是外向的，但孩子从小就特别害羞，该怎么办？"

大多数人对性格的理解和区分一般都是外向和内向。其实，我们不应该给性格贴标签，认为一个孩子性格外向要比性格内向好。

大家观察一下周围的人，可能会发现，其实性格是一体两面的。一个特别热情的人，很可能不是一个特别有耐心的人；一个学东西特别快的孩子，往往没有办法深入探究；一个非常害羞的孩子，有可能是一个特别好的聆听者和思考者。我们需要关注的是，性格状态是如何支持一个孩子发展的。

在性格实验室，有这样一个概念，叫作优势状态。

比如，一个孩子对很多事情都有好奇心，这本来是特别好的，因为好奇心是开启学习的钥匙。但有的家长却觉得好奇心重的孩子不够专注。这时候，家长很可能做的是，忽视孩子好奇心这个优势状态，而总是担心和批评孩子的注意力问题。

从积极心理学的角度来看，我们需要先来强化一个孩子的优势状态。比如，当发现孩子好奇心很重时，给他一个积极的反馈："有好奇心非常棒，它可以让你学习非常多的东西。"在这个基础之上，再去纠正注意力的问题。比如，一个好奇心很重的孩子，发现一只虫子，就丢下自己手里的东西，跑去玩虫子了，家长这时可以做一个小小的引导，陪伴他并引导他对某件事情进行深度地学习和研究。

性格的优势和短板在不同阶段是可以转化的。以我个人的经历为例，我从小就是一个比较聪明的小孩，做事情也很快，这让我受到了很多夸奖。进入学校之后，一直都是学霸。大学毕业后也找到了一份很好的工作。可以说，一路顺风顺水。直到我第一次申请去芬兰旅行的时候，签证的过程特别繁杂，前两次拿着材料都没办法通过，我直接崩溃大哭。

那时我非常慌张，不知所措。

有的人可能会想，这有什么呀？缺什么补什么不就可以了？可是对于一直做什么事情都特别顺利的我来说，没办法一次成功做成一件事，便无法接受。当然，更多的是，没有解决问题的经验。

在那次经历之后，我开始刻意做一些学习之外的事情。学习是我的优势，在学习上，我可以非常有韧劲、有耐心，所以，我也想在处理其他日常的事情上多进行一些锻炼。再后来，出国的经历给了我最好的锻炼。因为出国之前和之后，有很多具体琐碎的事情需要处理。对于其他人来说，可能非常简单，但对于我来说，却非常有挑战性。还好，我已经准备好面对很多挑战和麻烦了，我不再是那个没法承担问题、解决问题的人了。

有人说，这是性格吗？

如前文所述，性格是一个人做一件事的思维方式、行为方式和感受。这样看来，面对问题的状态，是性格的一部分。

什么样的性格能带来学习的优势状态呢？

下面我们通过两个案例来看一看，性格是如何促进或阻碍孩子良好发展的。

慢慢的故事

慢慢是一个从小做事慢悠悠的孩子。可能是因为爱吃的缘故，慢慢长得有点胖，笑起来，眼睛眯成了一道缝。在学校里，因为学得慢，常常没有信心。同学有时候还笑他说话特别慢。还好，慢慢的爸爸妈妈、爷爷奶奶，没有逼着慢慢非要名列前茅。慢慢就这样慢慢长大着。

慢慢在三年级的时候，跟着一个老师学乐高。他发现这个东西特别神奇，小小的、零散的乐高块，居然能够千变万化。有一次，他还自己搭起来了最喜欢的奥特曼造型。慢慢特别开心。

在特别需要耐心和专注力的乐高活动里，慢慢获得了巨大的快乐。他的乐高老师也非常喜欢他，并一直鼓励他。老师告诉他，玩乐高可以提升编程能力，帮助他锻炼工程思维，未来也许还可以成为很厉害的工程师。

慢慢特别兴奋。他从来没想过自己可以成为工程师，而现在有人告诉他没准可以。

于是，慢慢花越来越多的时间在乐高上，成了乐高小能手。

伶俐的故事

伶俐是一个特别伶俐的小姑娘。她开口说话早，而且特别爱说话，常常逗的一家人开怀大笑。去了学校之后，也特别受老师欢迎，因为伶俐永远是第一个举手回答问题的学生。伶俐的妈妈还从小给她报了舞蹈班、英语班、演讲口才班。在不同的班里，伶俐都表现得很棒。特别是演讲口才，好像是专门为伶俐定制的课程。在学校里，她还常常做各项活动的主持人。

开朗活泼，乐于表达，绝对是伶俐的优势。

而在一次项目式学习中，老师发现伶俐没有办法和其他同学合作。在团队中，伶俐特别习惯只做发言的人，而不做实际的工作，也没有耐心和其他人一起完成某项任务。因为她没有真正参与到活动中，所以，即使她总是第一个站起来发言，发言的内容也是空洞的。在一个重视团队协作和思维逻辑的场合里，伶俐的优势变成了短板。伶俐突然有点失落。她一直都是焦点，而这一次，好像很多同学特别不喜欢她。

她陷入了苦恼。

大家一般都认为做事慢、性格慢热，不是很好的表现，但我常常发现，慢热的孩子，往往是非常有耐心的。愿意钻研，不急不躁，也不去抢第一。这反而能在很多需要耐心和不断练习的学习项目中，成为优势。而且，值得一提的是，不管是技能学习，还是知识学习，都非常需要一个人的耐心和专注。

这也是为什么，很多在学校里并不出类拔萃的人，后来成了很厉害的学者。因为学者往往需要坐冷板凳，数十年如一日。对于慢慢来说，学校生活并没有给他带来自信，因为学校往往更喜欢那些积极活跃的孩子。幸运的是，慢慢的家人尊重并接纳了他的慢性子。可喜的是，在玩乐高的过程中，慢慢发现了自己的优势，获得了良好的反馈和成绩。

伶俐在现实生活中，应该是人人都夸赞的"别人家的孩子"。其实，很多时候"别人家的孩子"因为从小受到各种夸赞，会更倾向于做自己擅长的事情，而避免去做自己不擅长、有可能失败的事情。因此，孩子会失掉一些探索自己感兴趣的事情的可能性。伶俐的嘴巴特别伶俐，但是她没有办法耐心地去深入挖掘学习内容，比较浮躁。

这两个例子中的孩子的性格是我们常常会遇见的，并且通常会认为伶俐的性格比较占"优势"，而慢慢的慢性子是"不好"的。而我想说的是，性格的优势和短板是可以转化的。家长和老师不应该给孩子贴一个优势或短板的标签，而是要关注孩子的性格状态在学习中起到的作用。对于慢慢来说，家长和老师要给到足够的支持和信心，帮助他相信自己，并发现自己的优势。而对于伶俐来说，应该引导她耐心地对学习内容进行深化理解，不过度关注外界对她的夸赞。

关注性格，促进孩子终身成长

回到达克沃斯的研究中。她通过研究西点军校和在美国拼写大赛中获胜的孩子，以及对许多成功人士进行采访，发现了一个可能决定一个人成功与否的重要性格特征：坚毅力。

在她的 TED 演讲中，她将坚毅力定义为："对一个长期目标的坚持和热情。"

非常简洁。

她也因为这个研究获得了美国麦克阿瑟奖（MacArthur Fellowship），在美国教育界掀起了"坚毅力"的热潮。

在阅读和研究她的理论过程之后，我发现，在美国文化里，激情更多，缺乏坚持，而在中国文化里，我们可能会忽略"激情"二字。

达克沃斯对于坚毅力的培养提出了四个方向，第一个就是兴趣。

在国内，兴趣往往是孩子小时候家长比较关注的。而一旦进入学校，考试成绩就成了一个孩子成长发展的指向标。任何事情都需要围绕着这一目标发展，孩子的兴趣被抛到了一旁。孩子的兴趣不是学科教学所关注的，如果家长再不关注兴趣对一个孩子学习的推动力，那么，孩子对学习的体验很可能会非常糟糕。一旦成为"差生"，带上了这一标签，孩子就会对学习失去信心和兴趣。

所以，我非常想强调的是，如果想培养出一个有内驱力、有终身成长力量的孩子，请关注孩子的性格发展，关注孩子的兴趣。

那么，很多人会说，仅仅关注兴趣就够了吗？

不是的。

在孩子的发展过程中，如果只凭兴趣做事，在遇到挑战时很可能会放弃。从兴趣到激情的路上，需要经历不断地练习和积极地反馈，这样才能让孩子对他的兴趣产生源源不断的信心。

举一个非常简单的例子。

一个孩子从6岁起就跟我一起学习英语。我们学习的方式是大量阅读。她小的时候，我们一起读绘本。她非常喜欢听音频，于是她的妈妈花很多钱给她买了配有音视频的绘本和故事。她在家的时候，常常自己打开音频，反复听。在阅读的过程中，她的英语能力不断提升。在12岁时，已经远远超过同班同学的水平。

在阅读和英语上，这个孩子都非常有优势。她是听觉导向性的学习者，因而她的兴趣点是听音频故事。而英语会不会成为她未来学习和工作的主轴，还需要看她在能力不断提高的同时，是否能获得持续的兴趣和强大的自信。能力提高是前提，兴趣和自信是推动她不断往前的动力。一个对某件事情有激情的人，一定是相信自己有能力实现目标的人。

所以，对于一个孩子来说，关注他的兴趣，并通过持续的练习帮助他发展更高的能力，获得更多的信心，才有可能让他在青春期，或者成年之后，依然抱有激情和动力。

有人可能说，孩子是不是有可能对于某些事情，刚开始没什么兴趣，后面做着做着，就会产生兴趣了呢？

这对于成人来说，更可能发生。

有些人的兴趣，可能小时候被暂时掩盖了，长大以后才慢慢发现，开始钻研，使其成为自己的爱好或者事业。同样，如果一个人在做一件事情的时候，毫无乐趣可言，是没有办法形成激情的。

而对于孩子来说，是不一样的。孩子大多数时候是以兴趣为导向的。孩子是感受体，他们不会因为理智上认为学习英语对自己的未来有用，就愿意日复一日地练习。他们需要在学习过程中体验到乐趣，然后才会持续练习。

因而，对于孩子来说，我们提倡以兴趣为导向进行引导。

很多人会问，怎么发现孩子的兴趣呢？

其实，特别简单，观察。

孩子在做什么的时候，会乐此不疲？会反复去做？会忘记吃饭？会不想睡觉？

对于孩子来说，对某件事情感兴趣，就体现在愿意反复体验，而不是玩一会儿就觉得索然无味。

另外，孩子往往会在某项活动中展现出他的兴趣点和优势点。比如，有的孩子对语言敏感，在听到英语和法语的时候，就会笑起来，或者停止哭闹去认真听；有的孩子对音乐敏感，在还不怎么会站的时候，一听到音乐就开始晃动身体；有的孩子对字形敏感，在很小的时候就能认识很多字，并开始尝试画字。

如果家长关注到这些不同，进行引导练习，那么，会将孩子的能力和兴趣推进到更高层次。

终身成长的秘诀：坚毅力

在一个人的成长过程中，成功是由哪些因素决定的呢？这是心理学家和成功学家们特别关注的一个问题。大量的研究表明，坚毅力是一个重要的因素。

为什么坚毅力很重要呢？

我们常说，性格影响成败。在孩子失败的时候，坚毅力会帮助到他。

"失败了，没关系，我可以再试一次。"这么简单的一句话，展示的是一个人性格底层的意志力。

成长中的很多时候，不是智力和能力的比拼，而是意志力的比拼。

著名的电影演员、《当幸福来敲门》的主角威尔·史密斯是坚毅力的典型代表。他曾经在一个采访中说："你可能比我更有天赋，你可能比我聪明，你可能比我更性感，你可能在所有这些事情上都比我厉害。但是如果我们一起站在跑步机上，只有两种可能：要么你先放弃，要么我死在跑步机上。"

这句话的"励志"之处在于，一个具有坚韧性格的人，往往能够完成一些非常困难的事情，并把这些事情做到极致。

在我们的全英文课程班中，有一个基础不是特别好的孩子。她的听说能力不太好，学习方式又相对传统。刚刚来上课的时候，与同班同学相比，没有任何优势，甚至是能力、状态最弱的一个。但是，她特别认真。只要是老师布置的任务，她都会认真地完成。不管是段落朗读、句子书写，还是阐述故事大意，她都一点一点地认真完成。虽然有一个阶段，阅读量和难度都给她带来了很大的挑战，但她都"啃"下来了。她的妈妈说，"感觉要坚持不住了的时候，她的能力好像突然有了一个突破。后面的内容，对她来说一下子简单了很多。"

她的认真和坚持，比其他的"学习捷径"更有效地支持了她的发展。最终，她比同时上课的孩子早一年学完了相应水平的内容。

很多家长可能会问，为什么我的孩子坚毅力不足呢？

综合前面的讨论，我们可以发现，坚毅力的前提是兴趣。建立兴趣之后，孩子可以通过不断地练习提高能力，获得正反馈，进而对这件事情产生信心。信心可以再一次推动孩子不断地努力和练习，继而形成正循环。

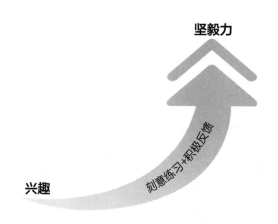

如果家长开始没有关注孩子的兴趣，没有鼓励孩子持续练习，也就谈不到后面的精进了。如果孩子练习了，但是却没有获得正反馈，也无法建立信心，获得持续练习的动力。

养成坚毅力最基本的前提是，关注孩子对长期目标的激情和坚持。而很多时候，学校和家庭只关注短期的考试结果和行为结果。

就连在课外班的考试成绩不太好，家长也会马上咨询周围的人，帮孩子换到另外的课程里。实际上，这时家长需要做的并不是去换课，而是分析孩子成绩不理想的真正原因。换课只会让孩子在学一门课程，或者跟一位老师学习时，不断地中途放弃。

家长如何支持孩子面对挑战

过度强调课程的作用或者老师"能力"的家长，往往在孩子的学习出现挑战时，不是去帮助孩子找出问题、分析原因，而是直接去寻找"神奇的学习方法"，从而让孩子错失了面对挑战、克服困难的能力。这会对孩子的坚毅力和不断挑战自我的心态造成挫伤。

孩子的学习成长过程，一定不是一帆风顺的。出现问题如何面对，是最考验孩子和家长的时候。

一个能够正视孩子的错误、面对困难的家长，会从本质出发，帮助孩子分析出现问题的原因，并鼓励孩子不要轻言放弃。在一个个挑战中，锻炼孩子的韧性。

一个不能容忍孩子走"弯路"、犯错误的家长，会千方百计地给孩子寻找最"安全"的路，一旦出现挫折，就帮助孩子退出原来的路径，另起炉灶。这样，孩子在未来需要独立面对挑战的时候，只会逃跑。

从这个层面上来看，培养孩子坚毅的品质，不只有利于孩子的学业发展，更有助于孩子终身成长。

一个具有良好性格的孩子，可以在顺境中抓住机遇，不断提升自我；在遇到困难时，可以分析现状，找出解决问题的关键，并在困难中学习。

这样的孩子，不管在哪个发展阶段，都会有生命力和驱动力，能够不断往前。

家长实践小帮手

1. 和孩子一起观看电影《当幸福来敲门》。
2. 和孩子讨论，在这个电影中，主人公获得幸福的关键是什么。
3. 和孩子讨论，聪明和坚持不懈，哪一点对一个人的成长更重要，为什么。
4. 记录孩子的想法。

终身学习

07

学霸之路可以被
无限"复制"吗

可以实操的方法：刻意练习

———————

刻意练习 · 高目标 · 即时反馈

有一个学生，从一个乡镇高中考入大学的英语系之后，才发现英语原来是要"说"的。而她从开始学英语起，老师除了让大家朗读课文之外，从来没有说过一句英语。她发现大学同班同学经常和外国朋友出去逛街、吃饭，嘴里叽里呱啦地说着英语，非常羡慕。从此便开始琢磨，怎么才能说好英语呢？

　　她想了几个练习的方向：第一，如果想要听懂对方在说什么，就必须练听力；第二，想要让嘴巴适应新的发音和说话方式，就必须大量练习；第三，想要流利地说出来，就必须找机会去说。

　　想清楚之后，她制订了一个计划：第一，每天早上到楼下听英文广播；第二，每天找好的文章，配着音频，大声朗读；第三，每周去英语角，并寻找参加演讲比赛的机会。

　　在这个过程中，她还幸运地遇到了一个外教，并和对方成了好朋友，之后她经常周末和外教朋友一起爬山、吃饭。尽管第一次出门的时候，她发现自己很多东西都不会说，但随着不断练习，她好像能通过英文表达得越来越多了。因为365天，她每天早上都会听广播、朗读文章。而且，在不同的阶段，阅读不同的内容。

就这样，在大学毕业的时候，她成了一名出色的英文老师。7年以后，她出国留学。在她能够非常流利地和国外同学讨论学术问题的时候，她非常慨叹刻意练习的重要性。

是的，我就是这名学生。

在讨论学习的时候，刻意练习一定是非常重要的一部分。

这一章，我们就来谈一谈，什么是真正的刻意练习，刻意练习和孩子的学习有怎样重要的联系，以及家长在支持孩子学习的过程中，应该如何引导他进行刻意练习。

大脑的可塑性是刻意练习的前提

人类的大脑只在儿童时期发育吗？青少年时期的大脑是怎样发育的？成年人又如何呢？

很多年以前，大家一直以为人类的大脑在儿童期是可塑造的，到了成人期，就已经"定型"了。那么，这也就意味着，成人阶段没办法进行新的学习了。而近些年，随着技术的发展，认知神经学家发现，人类大脑的神经元不仅仅是在儿童时期迅速产生连接、不断生成学习能力的，大脑在青少年时期的发育中，还有髓鞘化的特色。髓鞘化有着更重要的作用，它会增加神经元同步激发的可能，即提高学习效率。但是，髓鞘化会降低大脑的可塑性。也就是说，在青少年时期，大脑的运行速度和优化度更高了，但可塑性降低了。

这意味着大脑不发生变化了吗？恰恰相反。大脑在这个时期会保留常用的神经连接，而删除不常用的部分。这样，大脑优化了运作速度，集中处理想要刻意练习的部分。

这也就是为什么我们在青少年时期所做的事情如此重要。大脑潜能爆发的同时，进行深度的、不断积累的练习，成了关键。此时，刻意练习凸显了其在脑科学发展中的科学原理。

其实，成年人的大脑也是"可塑的"，但方式与儿童时期不同。成年人的大脑在不断地锻炼和学习中，负责思考和决策的大脑白质会增加。因此，成年人比青少年和儿童更加理性、有决断力。

在《刻意练习》一书中，也提到一个有意思的例子。在街道如迷宫一般的伦敦，想成为出租车司机，就必须进行大量的记忆训练。在成为司机，并不断锻炼空间记忆能力之后，科学家发现他们的空间感和地点识别能力大大提升。而且，大脑相应区域有明显的变化。

是不是非常惊人？

如果我们相信并认为人的大脑可以不断被塑造，那么，刻意练习，就可以应用到不同的领域中。

很多人对刻意练习存在误解，认为刻意练习就是死板地、反复地练习某件事情，比如反复背单词，反复做深蹲练习等。其实不然。

刻意练习的研究者和提出者安德斯·艾利克森教授，在研究了众多小提琴手、围棋大师、运动明星、记忆大师等行业高手之后，提出了刻意练习的概念。需要强调的是，他对刻意练习的研究是基于对行业高手们的研究。同时，刻意练习的定义中有几个关键的部分需要为大家厘清：

第一，刻意练习不是简单地重复，而是挑战舒适区的练习。

第二，刻意练习会形成一种"心理表征"，它可以帮助我们创造练习感受，预测练习的过程。

第三，在刻意练习的过程中，需要有教练或者老师的即时反馈，来帮助练习者及时调整。

那么，延伸到学习上，我们可以发现，许多时候孩子的学习并不是在真正地刻意练习，而是在枯燥地重复。

第一点，挑战舒适区。

在刻意练习的几个关键点中，"挑战舒适区"这一点是很多人没有关注到的，这也是为什么"一万小时定律"有时候并不奏效。一万小时定律在纯粹地强调所花费的时间，而刻意练习关注的是，在对某项技能的打磨中，是否不断挑战舒适区，同时，在练习过程中，是否讲求策略和方法。如果学习方法不对，即使埋头苦学一万个小时，也达不到好的效果。

挑战舒适区的练习，不管是对于家长还是老师，非常重要的一点是要真正理解孩子现有的学习能力，进而设定挑战区。如果一个孩子的英语听说能力不错，就不应该一直停留在全英文对话的练习中，而是要增加阅读量和阅读难度，逐步成为全英文阅读者。在阅读提升的过程中，可以加入书面写作的练习，以提升表达能力。这些能力是一环套一环的挑战过程。

而很多时候，孩子在重复的练习中，只是在拓展知识，或者增加词汇量、语法要点，而没有真正挑战舒适区。这样的状态，其实不是孩子喜欢的状态。他们会觉得无聊，继而削弱学习的动机。

第二点，心理表征。

比如，一个人在做饭之前，会设想需要哪些食材，通过什么样的方法可以将食材做出自己想要的味道。虽然这个过程只发生在大脑中，但是，能够很好地帮助我们去选择材料和烹饪方式。再比如，在攀岩运动中，攀岩高手会在攀登之前，在大脑中形成一张"爬行地图"，预想好在什么地方放脚，在什么地方发力等。这在徒手攀岩中显得更为重要。这种心理层面的练习，其实是在对一项练习进行信息浓缩和策略准备，也是在我们真正的练习过程中，不断帮助我们调整练习策略的源泉。

如果把这一点应用到孩子的日常学习中，其实就是我们前面提到的"元认知"能力。比如，在安排自己的时间和任务时，先在大脑中想一想，什么时间和状态下，学习什么科目更高效。在一项学习中，思考学习方法，甚至预演学习策略，也是心理表征的体现。

心理表征，或者元认知能力，并不是每个人一出生就有的，而是通过大量的训练逐渐获得的。

会开车的人，可以想一想自己学开车时的经历。教练最开始会让我们练习打方向盘、倒车入库、转弯等基础技术。开车上路一段时间后，我们才会发现，原来打方向盘关系到转弯，以及紧急时候的反应速度和状态。越来越熟练之后，对于在什么地方停车、如何停车，好像大脑中会自动形成一套方案，不用战战兢兢地"思考"，就可以停好车。这时候，大脑中的那张"路线地图"就是心理表征。

这也解释了，为何各个行业真正的高手，不管是厨师、艺术家，还是作家，似乎都有着"没办法表达和拆解"的直觉能力。这些直觉能力就是从前期的刻意训练中得来的。

第三点，即时反馈。

在篮球训练中，即时反馈非常重要。真正的即时反馈，并不是教练给出的"做得很棒"，或者"做得太差了"这种笼统的反馈，而是具体的、有效的反馈。《刻意练习》一书中，提到了美国传奇的大学篮球教练约翰·伍登。心理学家为了发现伍登的执教秘诀，曾全程观察他的训练课，并记录下了他给球员的每一条指令。研究结果发现，在他的2326条指令中，6.9%是表扬，6.6%是不满，而有75%是纯粹的信息，也就是做什么动作和怎么做。这位传奇教练常做的是三段论：演示一遍正确动作，表现一遍错误动作，再演示一遍正确动作。

而孩子在日常学习中，所得到的即时的、具体的反馈非常少。考试不是即时反馈，作业也不是即时反馈。在英语这样的技能型科目中，关于发音、句子表达的即时反馈，也非常少，取而代之的是大量的考试。而考试并不是一种真正的反馈，只是一种评判。很多孩子在考试之后只是知道了分数，而很少获得哪些知识点有所欠缺、哪些能力没有达到、该如何达到等这样的具体反馈。

比如，我在带孩子进行全英文阅读的过程中，给到孩子的反馈是，"听的练习太少，无法在对话中理解对方，需要每天早上做泛听的练习，每天晚上做 15 分钟的精听和朗读练习。"或者"缺乏沉浸式阅读的体验，阅读理解能力不够强，需要每天增加持书阅读的练习。"如果孩子口语不流畅，缺乏说的练习，则在课上给他更多的表达机会。

这些是具体的、有助于孩子不断改进的反馈。

总结起来，真正的刻意练习是挑战学习舒适区的、有心理表征和即时反馈的练习。

刻意练习的关键三点

刻意练习背后是成长型思维

刻意练习不仅仅是一种方法，更是一种思维方式。这是什么意思呢？

如果一个孩子认同刻意练习，那么就意味着，他会更重视练习的过程。重视练习的过程，会促使一个孩子更多地琢磨学习方法和策略，增加练习的时间，而不是纯粹为了获得一个结果而应付。

斯坦福大学教授卡罗尔·德韦克在研究人是如何面对失败的时候，发现有一类人的思维方式非常特别，这一类人也往往能取得更大的成功。

在面对失败时，这一类人的想法是："嗯，我又可以学习到新的东西了。""不要紧，我还可以继续尝试。"

这种思维方式被卡罗尔·德韦克教授称之为"成长型思维"。

思维方式影响一个人的行为方式。因而，成长型思维的提出在教育界引起了巨大的关注。大家可以想一想在自己的成长过程中，思维方式占据着怎样的重要地位。

当做一件事情遇到困难时，有多少时候，你会想："没事，遇到困难正是我学习的好时候。"甚至失败的时候，不会过度地懊恼，批判自己，而是去分析"从这个过程中，我可以学习到什么呢？"

固定型思维的人，会过度关注结果，会因为不好的结果而批判自己。这样的批判思维，对于解决问题，并没有推动作用，只能让人陷入负面情绪中，无法自拔。

更值得注意的是，孩子的思维方式是在和他人，特别是在和家长的互动中塑造的。

可以说，家长的言行会在无意间影响孩子的思维模式。

比如，有的家长在孩子遇到学习挑战的时候，可能会说："你在这方面真不擅长。"看似简单的一句话，可能会让孩子形成"我不擅长这门课，所以我学不好"的思维模式。如果存在这样的思维，也就不太可能继续去钻研和挑战了。

而如果家长跟孩子强调，"在面对学习困难的时候，找出原因、解决问题，比考试结果更重要"，则会推动孩子不断练习，不断成长。

同时，家长也需要自我反思，自己是成长型思维还是固定型思维呢？

成长型思维的家长，会在不经意间，给孩子成长型的反馈。固定型思维的家长，会因为过度关注结果，而剥夺了孩子去试错和试验的机会。

以考高分为目标去学习，非常不利于成长型思维的形成。因为孩子会不断被考试结果所推动，而忽略了学习过程。考得好，万事大吉，之前没有掌握好的知识点，也可能会被忽略过去；考得不好，要么是受到批评，要么是让孩子形成"我不擅长这门课"的认知，从而丧失了对某一个学科的信心和好奇心。

在这种情况下，家庭对孩子思维方式的引导和刻意练习的重视，尤其重要。否则，很容易培养出一个遇到困难就逃跑的孩子。

刻意练习意味着高期待

那么，刻意练习是否意味着对孩子的要求不高，只给积极反馈呢？

不是的。

刻意练习是根据各行业顶尖高手的成功经验总结出的规律，如果我们通过刻意练习训练某项技能，就相当于以行业顶尖水平为目标进行训练。

《刻意练习》指出，很多领域，如篮球、足球、钢琴、小提琴、围棋、语言学习等，都有一套刻意练习的核心路径，这些核心路径可以带领一个练习者进入高手的行列。

读到郎朗的钢琴成才之路时，有一个地方印象特别深刻。郎朗小时候和千万的钢琴手一样，每天严苛练习，然后去参加各种比赛，直到他被费城的柯蒂斯音乐学院全奖录取。在录取之后，他遇到了人生中最重要的导师，加里·格拉夫曼。

很多钢琴手会抓住成长生涯中的几年时间，拼命参加各种钢琴比赛，期待从中脱颖而出。而郎朗的导师加里·格拉夫曼却希望他不要一直参加钢琴比赛，而是慢下来，积攒练习更多的经典曲目。同时多旅行、多读书，沉淀艺术的修养。这对于一个从竞争意识和竞争氛围都特别强的地方来的朗朗来说，刚开始并不能理解为何自己的导师不让自己去参加比赛，而是让他在美国一些小镇的教堂里演奏，这似乎与他顶级音乐大厅的演奏之梦离得很远。而在几年之后，朗朗成为一个具有持续职业生涯的钢琴手时，他突然明白了导师的用心。

很多音乐家有很高的水平，但是却无法一直保持高水平。正是不断练习扩大曲目、在不同地方弹琴的经历，帮助朗朗练就了超强的临场演出能力。他说，钢琴演奏者总是需要应对不同的新情况，比如新的音乐厅、不同的钢琴、不同的乐团风格等，而他的导师让他"沉寂"下来的那几年，他在不同的地方，练习不同的曲目，为未来的长期职业之路铺垫了坚实的基础。

从朗朗的例子中我们可以发现，在一个行业高手的发展之路上，除了技术层面上的练习和竞争之外，在某些阶段，进行沉淀和拓展是成为大师的关键。

其实，对于孩子的成长和学习来说，刻意练习的意义在于，孩子不应该因为学校的考试成绩而调低自己的能力目标，要以高手的水平来要求自己。

这意味着，在谈论孩子学习的时候，要站得高、看得远。这种"以终为始"的角度，可以帮助家长和孩子跳出当下应试体系的限制，成为真正的学习者。

刻意练习意味着强反馈

在应试环境中，应该如何培养真正的学习者呢？

家长或导师不断给予孩子即时且有效的反馈，是一种有效的方法。

家长在为孩子选择课外老师的时候，要尽量选择真正对某个学科有热爱的老师。同时，不要再以让孩子通过考试为目标，而是要以培养孩子的学科兴趣和融会贯通的能力为目标。

在家庭中，还可以建立学习复盘的时间。

如果家长自己也是一个学习者，那么可以通过复盘时间和孩子一起分享自己的阅读心得和工作方法，同时，也可以让孩子分享自己的学习经历。很明显，这样的复盘时间，给孩子的感受是"平等分享"，而不是"汇报批评"。这个区别非常重要。

这也是为何在这一章，我一直在强调要"反馈"，而不是考试。

不管是考试，还是工作考核，从短期看似乎可以推动一个人的学习或工作，但其实，能从这种短期成效中获取的有助于自己能力提升的信息非常少。真正的反馈，不是做"评判"，而是具体分析学习过程和解决问题的方法。在这样的过程中，孩子不会有"被批评的恐惧"，会更多地关注学习本身。

也就是说，在应试氛围下，家长不应该成为"批判"孩子的人，而应该尽可能创造平等分享、注重学习过程的反馈环境。

如果孩子一直在"被批判"的状态下学习，学习动机不可能强。

其实，刻意练习还有一个更重要的前提，就是我们要相信一个人在某个领域的高水平表现，来自于后天的练习，而不是天生的才能。这一点是对一个人学习的巨大推动。如果在家庭中可以建立复盘反馈的时间，积极循环下去，孩子的学习动力也将被激发出来。

刻意练习在家庭中的把手

关注孩子的兴趣

在孩子的学习和成长中，有一个现象特别值得注意：很多孩子在小时候都练习过一种乐器，比如钢琴或者小提琴，甚至，有一些孩子很早就达到了 10 级水平。而长大以后，真正能够享受弹奏钢琴或者小提琴的人却不多。甚至，有些人在考完 10 级之后，变得痛恨钢琴，再也不碰琴了。

这是为何？

关注孩子的兴趣，大约是每一本亲子教育书籍都会提到的一点。而真正能够关注孩子兴趣的家长，并不多。孩子在幼儿园时，有的家长会自豪地说，我家孩子喜欢画画，我家孩子喜欢唱歌，我家孩子喜欢跳舞。而等孩子读了小学，应试压力一来，兴趣便成了最"不重要"的。

有个学生，七八岁的时候跟我学英语。我发现他特别喜欢画画，上课的时候，会在笔记本上画出一只鸟或者昆虫。那线条和笔力，特别动人。那时候，我问他长大想做什么，他毫不犹豫说："I want to be an artist（我想成为一名艺术家）。"

在我出国读书回来之后，再遇见他，他已经是初中生了。遗憾的是，这时候的他说："画画不能养活我，我需要花时间补数学，我的数学太差了。"虽然他非常喜欢画画，但是因为老师和家长常常告诉他，要是能把画画的时间都用在学数学上就好了，所以，他在画画的时候，已经不再享受了，而是有一种负罪感。

这是非常糟糕的状态。

对于自己喜欢的东西，做起来有负罪感，同时，在学习某个科目时，又觉得自己在这方面特别差。在这样的状态下，怎么可能成为一个有信心的学习者呢？

从积极心理学的角度来看，应该关注孩子的优势和长板，并支持他不断挑战和提升，然后再在必须提升的短板上，发力。以这个热爱画画的孩子来说，完全可以先让他享受画画，在这种"感觉很棒"的状态下，再去研究数学的内容。

从一个人的长期发展来看，关注一个孩子的兴趣，并不代表他必须把兴趣发展为自己的职业。兴趣是帮助一个人了解自己优势的切入口，也是一个人建立自信和幸福感的重要源泉，更是一个人一生中获得乐趣的方式。

同时，在偏重应试的环境里，孩子有自己的兴趣和爱好，是非常珍贵又难得的一件事，是他得以自我滋养的方式之一。

关注过程，持续积累

在关注孩子的兴趣之后，家长的引导有可能会成为一个孩子找到自己优势的起点。

在和《精进》的作者采铜聊到孩子的成长时，他提到一个特别简单的观点："教育是一个持续积累的过程。"什么意思呢？在尊重孩子兴趣的前提下，如果家长可以进行积极的引导，孩子在小学和初中阶段，可以在某一个方向形成深厚的积累。他以自己的孩子为例，他在和孩子阅读时偶然发现，孩子对石头特别感兴趣，会去读关于晶体的书，观察晶体结构。作为家长，这时可以和孩子一起去野外捡石头，收集不同的石子，然后学习相关的知识。

这其实是地质学家或者博物学家常常在做的事情。在持续积累几年之后，可能在孩子读高中的时候，便可以在这些方向有自己的思考了。很有可能，这会成为他在大学时的研究方向。

因为学校很难帮助孩子在某一个领域形成深厚的积累，学习的过程通常是碎片化的、浅度的。这时候，特别需要家长创造一个微环境，保护孩子的兴趣，并在某一个方向，有持续不断的深化和积累。

即使对于学校要考的科目，持续积累也非常重要。

一个小女孩很早就被发现有语言天赋，她的妈妈在研究了语言学习规律之后，决定在孩子上小学后，给她营造良好的中文和英文阅读环境，而不是注重考试。在其他同学都去上各种辅导班的时候，这个孩子只有两位阅读老师，一位老师带她阅读古文，另一位老师带她阅读英文原版图书（就是我）。妈妈做的事情是，导师需要的书目，都给孩子买到，并放在书架上。

在小升初的时候，这个孩子以极大的英语优势，考入了一所中学。到了初中的时候，她的英语能力已经达到了可以考托福的水平，能够独立阅读哲学原版书籍，并探索自己感兴趣的学术话题。

对比之下，只注重考试的孩子并不能真正提升能力，只是在疲于应付。

对于长线的学习积累，家长必须花一些时间进行思考总结，否则，孩子只是被考试推动着学习，而不是在一个方向上有持续的、深度的积累。

持续的、深度的积累，在小学或初中时，并不能看出有多大的优势，但在高中和大学阶段，就会发挥出巨大的能量。

这也是为何很多孩子在小学阶段可能表现得很突出，但到了中学越来越对学习没有兴趣，而有的孩子小时候看似玩得多，但到了初高中，后劲却很足。

不管是前期对兴趣的关注，还是在成长过程中的持续积累，都为孩子学习能力的爆发奠定了基础。

更高的目标和推动力

关注兴趣，重视持续积累，代表着对孩子的"要求"不高吗？

关注兴趣和重视持续积累并不是给孩子降低了要求，反而是对孩子的能力成长和长线目标有了更高的要求。只是在应试环境中，不对"考试结果"有过高要求而已。

说得务实一点，在孩子进入学校之后，以刻意练习为思路的发展是，设定长线目标，重视打磨练习的过程。这样的过程会支持孩子建立高阶的能力，从而有更高的目标和成就。

埃隆·马斯克在一个采访中说，他在大学思考自己未来要做什么的时候，想到的是，地球的生存环境和资源越来越少，如果人类在未来遇到挑战，就需要探索星际之间的互动。因此，他创立了太空探索技术公司（SpaceX），研究可回收的火箭。

因为埃隆·马斯克关注和思考的是全人类层面的问题，所以牵引了他现在做的事情。不同于大多数只关注自己如何找到一份高收入工作的大学生，这个高目标，成为埃隆·马斯克取得巨大成就的原动力。

对于家长来说，引导孩子看到自己和世界的关系，认识到自己可以为他人、为社会做出贡献，是推动一个孩子持续不断学习和挑战自我的重要动力。

从青少年发展研究的角度来说，就是帮助孩子找到自己的定位。这样的目标看似很"虚"，其实是一个人能够取得卓越成就的核心。

作为家长，不断拓展自己的眼界和目标，和孩子一起看到世界之大，人生之丰富，可能是引导孩子对自己的学习和成长建立高目标的重要方式。

可以说，看不到大海的人，不可能想要成为乘风破浪的船手；看不到高山的人，不可能想要成为勇敢无畏的攀登者。看到大世界、拥有高目标的孩子，才可能找到高于考试和现实的人生目标。

在这个过程中，家长是这一人生目标的共创者和支持者。

培养具有刻意练习精神的孩子

刻意练习是一种精神，一种对自己的目标坚持不懈、不断努力的精神。这种精神品质的建立恰恰是刻意练习的核心。

在写这部分内容的时候，我的脑海里常常浮现出在四五点钟起床去球场练习的科比。他的曼巴精神，就是刻意练习的极好体现。

面对一件事情，是否有钻研的方法，以及不断推进的坚毅力，可能决定了很多人成功与否。

在家庭中，有一些小练习可以帮助孩子变成具有刻意练习精神的人。

设定目标，并将其显性化

孩子做很多事情时，没有动力的一个重要原因是没有清晰的目标。家长可以和孩子讨论做某件事的目标，并引导孩子写下来，或者画下来。研究发现，这种显性化的目标，可以大大提高一个人的执行力。

比如，我在 9 月设定了每周游泳 5 次的目标，我会在一个专门的笔记本上，写上日期和每天游泳的时长。这样就会把目标显性化，非常简单。

清晰反馈练习过程

做一件事情，如果有他人清晰的反馈，推动力也会非常大。将反馈清晰地记录下来，也是帮助一个人持续练习的好方法。

当然，也可以进行自我反馈。在笔记本上，为自己写下类似"太棒了，你完成了新目标"这样的话，也具有一定的推动性。

当我第一次游泳 50 分钟，长度达到 1500 米时，我发给了我的导师，他非常认真地回复道："你太强了，这真是一个新纪录。我恐怕会慢悠悠地浮着，怎么也游不到。"就这样一句简单的小反馈，让我内心非常骄傲。第二天早起就去游泳，想去打破新纪录。

小目标达成，设置奖励

当目标达成时，用奖励来强化对练习过程的褒奖，也是我们可以用的小方法。值得注意的是，这个奖励不一定是"物质奖励"。可以去问问孩子特别希望得到的珍贵的奖励是什么。可能是去游乐场玩一场，和朋友无所事事地逛个街，也可能就是想和爸爸妈妈在外面一起晒晒太阳，或者看一场电影。

这样的奖励，会增进孩子和父母的联结，也会让孩子享受过程。

小复盘，增加刻意练习的动力

非常建议帮助孩子养成做复盘的习惯。复盘的时间和方式可以自行设定，在完成的事项后面打钩，并且记录某些想法。特别是对于讲究技术和方法的练习，可以记录下自己调整过的新方式，以及产生的效果。

举例来说，我会通过看游泳的视频，来学习正确的游泳姿势。在调整姿势之后，我发现我的游泳速度加快了，我就将这样的数据写到了小复盘里。这样的记录会让我有新发现的快乐，以及进步的喜悦。

以上的小方法，可以给到孩子具体的把手，来进行不断的练习。刻意练习适用于锻炼任何技能型的能力，如运动项目、乐器、语言学习等。

如果孩子能够深度分析自己刻意练习的状态，能够将这种状态带入其他领域的练习和学习中，我们把这样的孩子称为"具有刻意练习精神的人"。

希望越来越多的孩子成为具有刻意练习精神的人。

制订一项技能（如游泳、羽毛球、小提琴、钢琴等）的刻意练习目标和过程：

1. 首先明确发展这项技能的目标，是想长期坚持达到高手水平，还是形成爱好？

2. 设定清楚目标后，分析达到目标的路径。比如是找专业教练教，还是家长自己可以教。

3. 分阶段设定目标。比如，第一阶段的目标是30天内学会自由泳；第二阶段的目标是在60天内将训练长度从1000米增加到1500米；第三阶段的目标是在30天内学习一个新的泳姿。

4. 进行刻意练习的记录，图示化练习的过程和成果。

5. 讨论在刻意练习中的挑战，如什么阻碍了自己持续行动，寻找根本原因，继续练习。

终身学习

08

为什么孩子越学越迷茫

与他人、与社会有联结的学习才有意义

———

使命感 · 意义感 · 父母教养风格 · 导师制

有一个小女孩，从小到大都是所谓的"别人家的孩子"。她去了家附近最好的小学读书，初中毕业后考进了全市前几名的私立高中。家庭条件好，学习好，性格也很好，貌似一切都在顺利地进行。高二的时候，她的班主任突然给她的家长打电话，说孩子最近没办法集中注意力学习，好像身体很虚弱，精神状态也不好，很多老师都注意到了这个情况。

　　家长一下子慌了，跑到学校，去接女儿。

　　她从小是一个不用操心的孩子，到了最关键的高二，怎么就出现了问题呢？家长非常着急。她告诉家长，有很长一段时间，她的压力都非常大，会暴饮暴食。特别焦虑的时候，没有办法集中注意力学习。越着急越焦虑，情况越糟糕，恶性循环。

　　她的家长一下有点懵，问她能不能把暴饮暴食控制好，上课时能不能不胡思乱想。她一下子哭了出来，"如果能够控制，我当然会控制。可是我控制不了！"

　　这是一个真实的故事。也可能是很多青少年会出现的情况。这个孩子怎么了？是有心理疾病吗？作为家长，该怎么办？

想解决这些问题，我们要从"使命感"这个词说起。

为何人人需要使命感

你为什么做这个？为什么这个对你有意义？为什么这个很重要？"为什么"是一切使命感的起点。我为什么写这么一本书？我愿意花很多时间写一本书，是因为我希望自己写的这本书能够对更多的家庭产生一点点影响，期待更多的人关注自我认知、终身成长，让更多的孩子成为丰盈有梦想的个体。从这一点上来说，这是我给自己定义的人生使命。

这个使命感会推动我每天早起、读书、工作。这个使命感在每天的生活中好像不会被经常提及，但是在非常重要的时刻，一定会被想起来。比如，当我的阅读项目处于创业低谷时，如果有人告诉我，他因为阅读而获得了力量，会给我很大的鼓舞，让我找到继续创业的意义。这个意义感，比金钱或者名誉所带来的推动力要大得多。

使命感是个体和社会的联结点，也是一个人生存的意义。每一个有爆发力的人生，都与使命有关。

大家在惊叹比尔·盖茨创造社会财富的时候，千万不要忘记，他在高中时代是如何开始学习编程，并为之疯狂的。

他为了完成一个编程项目，可以连续不断地工作。在创立微软公司之后，他希望微软成为最伟大的公司，能够为社会创造价值。

青少年时期的比尔·盖茨并没有因为要进入哈佛大学而闭门学习，不管窗外事。相反，他帮助学校做了一个复杂的排课系统。后来，很多学校都来找他做这个系统。这时候的比尔·盖茨已经和社会发生了紧密的、深刻的联系，并且希望通过编程来改变很多事情。

如果还有更多关于使命感的解释，那就是已经成为世界首富的比尔·盖茨并没有坐在财富上享乐，而是去非洲，开始做关于治疗疟疾、防控病毒的公益事业。

如果一个人的目标只是创造财富，那么，在拥有足够多的财富时，一定会出现精神危机或者意义危机。在寻求意义的路上，其实每个人都必须不断地面对这个问题。

著名的发展心理学家和精神分析学家爱利克·埃里克森将青春期称为"身份探索阶段"。这个阶段是个体自我意识确定和自我角色形成的关键时期。这时候，他需要审视童年时期学习到的种种关于自我定位、社会认识的认知，通过探索来确定自己与社会、与他人联结的方式，并与自己内在的自我认知相统一。

但是，如果这个时候，探索的时间被剥夺，或者只是按照他人的价值观来进行学习和生活，个体就没有办法建立真正的自我认同感，进而出现身份危机，而精神问题只是一种表征。

本章开头的女孩暴饮暴食表面上是因为焦虑，深层次的原因其实是她正处在自我探索的萌芽期，还没有找到自己的兴趣，确认自己的身份。她没有办法找到自己每天在学校学习的意义，而原来的"别人家的孩子"的样子，又要求她一直"装作"很好，努力学习。在这两种状态之间的挣扎，最终导致了她的问题。

而她并不是个例。青少年时期是人类特有的自我探索的关键期。自我探索时会有焦虑、迷茫的状态出现，但这种探索期的抑郁和焦虑是可以通过他人的支持和解决身份认同等问题来解决的。

同时，值得注意的是，如果对教育过度重视，会限定青少年的学习内容和目标，以至于他们没有办法，也没有时间去进行探索。青少年希望了解真实的世界，并与之发生联系。而当他们与真实的世界切断联系时，对自我认知和现实世界的迷惑，就会引发极大的焦虑感。

这也是为什么，在高中的"关键时刻"，反而很多孩子没有办法好好学习了。实际上，这时候的自我使命感和学习已经息息相关了。

有很多研究告诉我们，使命感对于一个人的幸福感、生命状态都有积极作用。最为有名的是纳粹集中营的幸存者维克多·弗兰克尔，他的著作《活出生命的意义》，体现了意义和目标对一个人在极端环境中起到的重大作用。他通过对幸存者的观察发现，那些有自己信念系统的人，更能够生存下来。后来，他创建了"意义治疗"，帮助有抑郁症、焦虑症的人来解决精神问题。

有很多人说，我们不再经历那么极端的状态，是不是使命感就没那么重要了？

一些大学生存在"空心病"，是对"人需要使命感"的最好解释。在经济发展平稳、家庭生活富裕之后，青少年承担的生活压力越来越小了，但是他们并不快乐。如果让孩子"只管学习"，一方面会让孩子在"真空"中失去意义感；另一方面，孩子无法与社会、与他人形成联系，长大成人之后，再进入社会，要么会承受巨大的挫折感和落差感，要么会产生不能与他人协作的孤高感。这样的状态会产生巨大的问题。

这一现象并不局限于有学习困扰的学生。有很多非常优异的学生，从小到大各种荣誉加身，又进入著名的学府读书，却在大学的时候，感觉自己的一切都是被安排好的，无法找到"自我"。这种自我的丧失感，是一个人身份没有建立的感受。

其实，"我决定"这三个简单的字是一个人宣告独立的第一步。"我做决定，我承担结果"，是独立担责的第一步。第一步迈出去之后，顺利时，会有一种自豪感；处于低谷时，需要自己承担选择的后果。这听起来不如由他人帮忙做一个"安全选择"好，但是，每个人只有学会自我承担，才能逐步成长，越来越有韧性。在这些"别人家的孩子"的内心里，是极其渴望独立的，但又因为所有"被安排"而没有能力独立。这也是为什么美国的常春藤盟校的精神疾病比例是一般大学的 3 倍之高。

不管一个人是处在极端的情况下，还是正常的生活中，支持他有力发展的并不是一个个看似安全的选择，而是在自我探索中形成的意义感。

从意义感出发，延伸到自己做的事情对自己、对他人、对社会产生的影响，就会构成一个人的使命感。

使命感是终身学习的不竭动力

使命感其实并不像很多人以为的那样，是虚无缥缈的，或者跟当下的生活无关。使命感与我们每一天的活动都有关系。

我们每天起床之后，做的每一个选择和决定，都与价值观和使命感有关。使命感就像一个指向标一样，帮助我们做决定。没有使命感的人，只会没有规划和选择地生活。

《坚毅：释放激情与坚持的力量》一书中，在讨论一个人如何能够坚定不移地关注和做重要的事情时，就认为，使命感或者生活的意义是帮助一个人厘清自己每天要做哪些事情的重要方式。她将使命感和我们的日常生活联系起来，形成一个金字塔形的目标塔。这样，我们每天的很多活动都可以找到意义支撑。同时，如果哪些活动和我们最终的目标无关，也会被我们放弃。

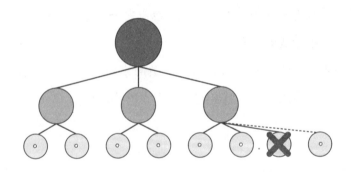

举一个例子，如果你的人生意义是家庭幸福，那么你很可能选择陪家人一起吃早餐，而不是一早就去公司。但如果你的人生意义是家庭幸福，每天却泡在公司里，你的人生意义和实际行为就是相悖的，你可能不会得到想要的幸福。

所以，使命感绝不是一个虚无缥缈的概念，而是我们每个人对于人生意义的思考和决定。它决定着我们能否真切地按照自己的价值观去行动和生活，也影响着我们每一个小选择。一个没有使命感的人，就好比行船失去了方向，会在人生的旅途中迷失。

家庭是使命感生发的地方

儿童心理学家皮亚杰先生曾经问他的学生，"如果你掉进水里，你能活下来的最好方式是什么？"很多学生回答说，"使劲踢脚，好让头浮出水面。"皮亚杰看着他的学生说，"不，最好的方式是，你必须游泳，朝着一个方向游，稳定住自己。"

这个故事其实非常好地诠释了使命感的两个重要特点：第一，使命感是需要在不断向前的探索中发现的；第二，使命感需要朝向一个目标。

从孩子的发展历程来说，青少年是一个人自我探索和发现的重要时期。在这个阶段，青少年会对"我是谁""世界是什么样的""我可以给这个世界带来何种价值"等问题进行思考，并通过不同的方式进行探索。青少年之所以会有很多的危险行为，就是因为他们在探索自己的边界。

在青少年的自我探索过程中，家长和学校应该起什么作用呢？

有些人会放任青少年去"自由探索"。这一做法的问题是，青少年时期，影响理性思维和控制危险行为的大脑皮层还未发育到可以预估行为结果的程度，因而他们很可能会做出非常极端甚至犯罪的行为。比如，在美国，青少年犯罪已经成为一个重大的社会问题。

而另一个极端则是过度管控。青少年被限制学习学校设定的学科，或者只做家长认为正确的事情。这种过度管控是剥夺青少年自我感的一种隐形方式。也是为什么很多青少年会控诉父母打着"都是为你好"的旗号，限制自己的成长。

那么，应该如何做呢？

在发展心理学中，关于父母的教养方式，有两个大的维度，一个是期待，一个是支持。这两个维度可以形成一个坐标轴，呈现出四种教养方式。

第一种，高期待低支持。

这类父母对孩子的期待很高，但是很少支持孩子做事情。比如，如果孩子喜欢打篮球，父母并不会帮助孩子寻找好的教练或者相应的资源，或者仅仅是对孩子的学业有很高的期待，而限制孩子其他的兴趣爱好。

第二种，高期待高支持。

这类父母对孩子的期待很高，同时，也会给孩子大力的支持。但要注意的是，支持和安排是不一样的。支持是以孩子为主，让孩子自己决定做什么事情，当他需要资源和信心的时候，父母要跟上来，而不是给孩子安排很多事情。

第三种，低期待低支持。

这种教养方式俗称散养，很多人会觉得散养的孩子蛮好的，但是，从发展心理学的研究来看，散养几乎等于忽视，不能给孩子提供更好、更优的发展状态。每一个孩子的发展都需要他人，特别是父母的支持。

第四种，低期待高支持。

这种教养方式，听起来很有爱。但低期待可能会导致孩子对自己的要求不高，没有办法把自己的潜力发挥出来。

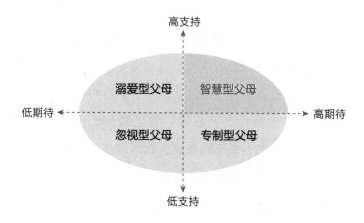

在这几种教养方式中，研究发现，高期待高支持的父母更能培养出有目标、有动力的孩子。

在比尔·盖茨的成长纪录片中，就描述了盖茨的家庭，特别是他的妈妈对他的高期待和高支持。盖茨小时候是非常不擅长社交的"学霸"，而他的妈妈希望他能走出自己的舒适区，去跟其他人社交。他的家庭会在假期和其他家庭一起去野营。盖茨的妈妈也会带他去一些社交场合，以锻炼他的社交能力。在纪录片中，盖茨的姐姐说，如果不是妈妈，盖茨可能只是一个好的程序员，而不是一个伟大的创业者。

这个故事就是非常好的关于智慧型家长高期待高支持的例子。

对于青少年来说，父母或者学校需要对他们有"高期待"，这代表着我们给青少年发出的信息是，"我信任你，我相信你可以成为一个特别棒的人，可以做特别厉害的事情"。同时，也要给青少年"高支持"，但高支持并不代表高管控。

父母在青少年的生活中，不应该完全退出，而是要平等地看待他们，进行一些定期的家庭讨论。这种家庭讨论不是以"过来人"的身份去"教训"自己的孩子，或者责问孩子，而是以支持的、关心的态度，真诚地谈论孩子在生活中的一些问题和想法，也可以分享自己的一些体验和感受。

在这种状态下，青少年会感受到被尊重（这是青少年非常重视的)。同时，也会因为家人分享的经历和感受，进一步厘清自己的一些思考。这样的交流讨论是一种有效的支持。

如果一个青少年已经发现自己对某些方面感兴趣，父母则可以支持他寻找资源，帮助他深化在这个方面的学习和体验。我曾教过一个孩子，她从小喜欢阅读，初中开始很喜欢写东西。到了高中，她希望自己能考入一所大学的写作专业。很多父母会认为写作是"不赚钱，又很不稳定"的工作，而她的父母却选择了支持她，帮助她寻找相关的老师和课程。这个孩子在申请大学的过程中，所体现的自我驱动力极其强大。最终，她申请进入了哥伦比亚大学的写作系。

还有一个例子是美国的一个学生，她在大学的前三年，丝毫没有发现自己的兴趣是什么，学什么课程好像都可以。到了大三，需要选择一门科学课，她随便选择了天体物理。没想到，她发现自己还挺感兴趣的，因而投入了更多的时间。后来，教这门课程的教授，专门邀请她去办公室聊了聊。教授非常肯定她对天体物理的兴趣和所投入的激情，并认为她应该继续追求这个方向。这个学生因为教授的期待和信任，选择了去读天体物理专业的研究生。后来，研究天体物理成为她一生的事业。

从这两个例子来看，任何人的选择和使命感的确立，绝对不是孤立的。它需要自我探索的空间和时间，同时，也需要家人、学校和导师真正的信任和支持。

导师是培养使命感的支持者

我写这本书的时候，给一个人发信息说："船长，我要写一本关于学习的书了，我需要经常和您通话！"他回复说："Excited to hear that. I am glad to talk to you（特别开心听到你要写书了，我们来聊一聊吧）."我开始写的时候，突然发现自己有很多专业问题还需要重新回去查询确认，就又发信息给他："船长，我感觉自己不配是您这样一位儿童认知心理学家的学生了，有好多东西我需要查询呀。"他回复道："It is always a learning process. Keep doing it（就是学习的过程嘛，继续做）."

这个人是谁？他是我的导师。

为什么在讨论使命感的时候，我想提到导师这个概念？

导师在中国并不是很常见。而在美国，特别是硅谷，每个人都有自己的导师。乔布斯也有自己的创业导师。

导师一词最早来源于荷马史诗《奥德赛》。Mentor（门特）是主人公奥德修斯的朋友，他睿智且为人正直。当奥德修斯要去参加特洛伊战争时，将自己的儿子托付给门特来教导。从这个词的来源来看，导师从一开始就有着其独特的意义。导师并不是教你知识或者技术的老师，而是关注你的人生成长，在关键时候，给你指引的那个人。

韩愈在《师说》中说："师者，所以传道授业解惑也。"现在的老师，授业解惑者居多，而传道可能不发生在教室里，而是教室外。这个人可能就是我说的导师。

那么，导师和使命感有什么关系呢？

对于中国孩子来说，入学前，接触最多的是父母，入学后，是老师和同学。通常父母和老师只关注孩子某一科的学习情况或者考试成绩，关注孩子自我认知和自我探索的人和时间都极少。

而每一个孩子都会在青春期进入探索阶段。"我是谁，我喜欢做什么，我想成为什么样的人"等问题，会给孩子带来很多疑惑。有很多孩子因此在初中或高中开始放弃学习，很主要的原因是："我想不通学这些有什么用。"

这时候，学习问题开始凸显。

很多家长没办法理解自己的孩子为什么小学很爱学，到了初高中，却对学习如此排斥，怎么讲道理也没有用。于是，他们就直接归咎为"青春期"的原因。其实，青春期并不是大家一贯以为的"危险期"，而是充满可能性的探索期。

比尔·盖茨13岁开始编程，乔布斯11岁投身自己的爱好，埃隆·马斯克也是十几岁前往加拿大"探险"的，由此开始了他的"疯狂旅程"。这些人的青少年时期，充满了探索，也是一生事业的开端。

在这样有挑战性的探索阶段，导师的作用便凸显出来了。

肯·罗宾逊在他非常有影响力的著作《让天赋自由》中指出，每一个可以释放自己激情的人，都需要导师。导师有四个作用：识别、鼓励、协助、督促。肯·罗宾逊相信每一个人都应该追求自己的天赋和激情，而这并不是一件简单的事情。在这个过程中，一位真正的导师可以帮助孩子识别他的激情，并不断鼓励孩子，对孩子有更高的要求。导师的这些要求是基于对孩子真正的了解和信任的，而不是基于考试成绩。

那么，为何在谈使命感的时候，我们会说到导师呢？

在孩子身处的环境中，家长没有办法成为像导师一样给予青少年无限空间去探索的人。为何？因为家长会很自然地去"保护"自己的孩子。就好比一个孩子要用手去触碰火焰一样，家长会阻止他"犯错"。学校老师则大多时候只关注学科学习，也很少有时间和学生讨论他们的未来。而导师会是一个跟孩子互动交流的人。如果导师很关注这个孩子的发展，积极花时间和孩子交谈，那么这会对孩子产生很大的影响。

中国的创新高中——探月学院，就采取了导师制。导师和学生互动，并不局限在教室里，更多的是在操场上，餐厅里，咖啡馆里。在这样的场域里，导师和学生的讨论会更自由，更有建设性。如果和探月的学生交流，你会发现很多孩子在十三四岁的年纪已经开始思考自己想走的路，想创造的人生了。这种思考和认知对未来的发展会产生巨大的影响。

当然，值得一提的是，探月学院的创建者也是在青少年时期，在哲学课导师的带领下，开启了自我探索和思考之路，最终他决定放弃美国大学的录取，而选择在中国创立一所创新高中。这是多么激动人心的一件事情。而被问及这件事情会做多久时，他的回答是"一辈子"。

一个人的使命感其实就这么简单："有一件事，我要做很久很久。"

那么，我们的孩子有没有一件想做很久很久的事情呢？不管出现什么困难，什么诱惑，是否都愿意将这件事情一直做下去呢？

这件事情，便是一个人的使命。

当然，培养使命感的前提是，这个孩子能从家长或者其他成人那里，看到使命感给人带来的勇气和力量。

如果家长对于使命感的意义或者重要性不以为然，那么就很难让孩子成为一个具有强烈使命感的人。所以，家长或者导师需要重视培养使命感。

　　此外，还可以通过阅读来让孩子看到使命感的强大力量。《牧羊少年的奇幻之旅》一书就阐述了一个有使命感的人和只关注食物和水的"羊群"，在生活上的差异。引导孩子去阅读这样的书，同时和孩子讨论自己想要的生活状态，就是非常好的引导。

　　另外一本值得推荐的书则是耐克创始人菲尔·奈特写的自传《鞋狗》。他对于运动的热忱和创业的热情，是对使命感最好的阐释。

　　这样的书籍还有很多。

　　可能有人会想，我自己和我的孩子没有那么"伟大"的经历，是不是跟使命感毫无关联呢？

　　其实不是的。

　　使命感的体验是感觉自己做的事情是在帮助别人，是在为社会做出贡献。这种感受会给我们的工作和日常生活带来巨大的动力。

　　所以"使命感也来自于每天的生活中，一个照顾孩子的妈妈，一位教学生的老师，一位治疗病人的医生。"

　　比如，在新冠病毒肆虐的时期，大家会发现，原来真正有使命感的事业不再是"最赚钱"的那份工作，而是真正能够服务他人、支持他人的工作。医生、护士，在这一时期充分显示了他们对社会的意义和价值，这种价值感比金钱带来的幸福感更强。

所以，培养使命感，并不是要求孩子去成就大事业，而是鼓励孩子寻找自己擅长且认为有意义、有价值的事情。

学习，绝对不只是学科学习或者考试，更多的是一个人成长过程中对自我和世界的探索和认知。使命感是一个人将自我认知与对世界的认知相联系而产生的意义感，是一个人获得强大生命力的重要源泉。

愿你的孩子，找到人生的使命感，获得丰盈的生命。

家长实践小帮手

制作人生目标板：

1. 找一些旧杂志，让孩子找到代表他们梦想和希望的图片或文字，把它们剪下来。
2. 把这些图片或文字粘到一张大海报上，进行装饰。
3. 问一问孩子，不同的图片或文字代表的目标是什么？他们如何才能达到目标？

终身学习

09

未来一切都不确定，该如何学

培养关键能力，成为终身学习者

———

不确定性 · 人的独特性 · 终身学习

生于七八十年代的家长，经常会说："现在教育孩子怎么这么难呀？我们小时候散养也长得好好的。"

而这两代家长因为自己受过良好的教育，深知教育的重要性，会千方百计地帮孩子找到最好的教育资源。找到了教育资源，好像又有一种声音在说："未来是 AI 智能时代，大约50%的工作都会消失。"家长们又开始焦虑了："如果是这样，现在孩子学什么，未来才不会被时代抛弃呢？"

这是一个好问题。

现在是一个急速发展的时代，未来是不确定的。可能会有不同的创新学校出现，来应对 AI 智能时代。

而在本章内容中，我想讨论的是，第一，世界千变万化，学习的本质是不是也在变化？第二，不管是过去、现在还是未来，作为一个人，其独特点在哪里？第三，在这种情况下，我们如何既踏实面对当下，又积极应对未来？

学习的本质是什么？这个问题应该是所有想支持孩子学习、成长的家长首先要思考的问题。否则，我们很多的行为都是在本末倒置，很有可能会伤害孩子真正的学习动力。

当然，作为一个学习者，如果去思考这个问题，在认知心理学上，是一种高水平的学习能力，被称为元认知能力，简单来说，就是一个人在用心学习的同时，又能积极思考自己如何学习、如何学得更有效的能力。

工业化时代的流水线学习模式

学校教育从来都跟社会的发展紧密相关。

现代教育制度起源于普鲁士王国。让孩童进入学校，学习识字，并不是个人的需求发起的，而是国家强大的一个策略。再到后来的工业化时代，社会需要更多经过训练的好工人，这一套教育制度便在世界各地推行开来。于是，孩子需要每天在学校待近 8 个小时，学习一定的科目。

随着时代的发展和变化，社会对于人才的需求也发生了变化，而我们的教育模式，却似乎没有什么变化。

如果现在问孩子，喜不喜欢去学校，一定有一大部分孩子说，不喜欢。为什么不喜欢去学校？有很多答案，但通常和两个字有关系，作业。

如何引导才能让孩子学得更好，发挥出自己的潜能，面对充满不确定性的未来，更好地成长呢？

"人"的独特性

有两本书对我影响非常大。

第一本是《盗火：硅谷、海豹突击队和疯狂科学家如何变革我们的工作和生活》（*Stealing Fire*）。

这本书讲述了世界科技发展之巅的硅谷、世界军事之巅的海豹突击队，都花费了大量的金钱和时间在做一件事情——研究如何通过一些训练，让一个天才式的团队进入无缝协作的状态，同时保持这些天才式的个体高效又具有创意的能力。其中有一个方法是大家常说的冥想。说到冥想，大家通常会想到瑜伽。而在这里，冥想是帮助一个人进入高效思维状态的方式之一。

更神奇的是，海豹突击队有一个可以控制大脑的设备，使用一个所谓的"神经反馈"设备让人达到最好的思维状态，据说可以将一个人的认知能力和学习能力提高 4 ~ 5 倍。有消息称，能够将学习一门外语的时间从 6 个月缩短到 6 周！

硅谷的核心其实不是科技，而是人才。他们吸纳了大量的天才在那里创造、工作。著名的谷歌公司，不遗余力地挖掘世界顶级人才，思考如何让这些天才可以高效地协作和创造。

有一点非常明确，现在以及未来的社会，越来越需要创造型人才，而不是一味执行指令的人。因为机器完全可以替代他们，而且做得更好。未来能够胜出的人才是可以区别于机器，有创意的人。

第二本对我影响很大的书是著名教育家肯·罗宾逊的《让天赋自由》。肯·罗宾逊是在美国发起教育改革的重要人物。他的TED演讲，受到热烈的欢迎。如果你去看他的演讲和图书，会感觉到，他根本没有什么"惊人"的新发现，但他在用真正的常识来讲一个孩子的成长和发展。

在《让天赋自由》中，作者讲了很多关于孩子的故事，其中一个是叫作米克·弗里特伍德的摇滚鼓手。这个孩子小时候对数学一窍不通，连英文字母写起来都有困难。而幸运的是，他的父母并没有因此要求他去上各种辅导班。在一次偶然的机会，他发现自己特别喜欢音乐，喜欢鼓手打鼓的样子，从此便一发不可收拾。从学校"逃离"之后，他成了世界著名的摇滚鼓手。

在一个尊重独特性的环境里，每个人的独特潜力才会被看见，被激发出惊人的力量。

教育本应该是让人学得更好，找到成为自己的方式，而当下我们的很多做法，其实在暗暗破坏孩子的创造性和个性发展。在这种环境下成长起来的孩子，很难在不确定的未来稳稳地扎下根来。

着眼未来，你会按照过去培养一个"工人"的方法培养自己的孩子，还是会关注孩子的创造力和个性，去启发和鼓励他追求自我呢？

关于未来，有迹可循

在一个不确定性的世界里，可以确定的是，"人"的独特部分是不会被技术所替代的。

我将学习成长划分为以下四个方面：

- 关于自我认知和成长
- 大脑深度认知的潜力
- 作为人的情绪和感受
- 和他人的深度联结和爱

关于自我认知和成长

自我认知是每个人都需要经历和探索的事情，随着科学的技术迅猛发展，未来社会充满着未知和不确定性，所以自我认知变得尤为重要。

对于"我是谁"的认知和挖掘，是个体对抗外界环境不确定性的一个锚。如果一个人知道自己是谁、有什么价值，那么，不管外界有怎样的波澜，也会有一个安稳的锚定点，帮助这个个体在生命的探索中不断成长。

对孩子自我认知的教育和引导，在学校中极少发生，需要家长给予孩子更多的支持。

家长在对孩子进行自我认知的训练时，可以尝试以下几个小方法。

第一，帮助孩子形成多元的自我价值体系。

在家庭讨论和日常行为中，要经常向孩子传达一个人的价值不仅仅来自于成绩好，还来自于不同方面的良好状态。比如，具有乐于助人的品格，具有好奇心等。这样有助于孩子对自己形成多元的认知。

第二，设计阅读讨论时间。

可以选择关于自我认知的阅读材料和孩子共同阅读和讨论。在很多故事中，主人公具有值得学习的精神和气质。比如青少年读物《手斧男孩》中，主人公独立生活的坚定，不放弃、逐步探索自我的状态，非常值得孩子学习和领悟。

第三，给孩子创造遇见不同的人与体验的机会。

自我认知最重要的一步是与外界互动。在互动的过程中，孩子可以通过他人的经历来映照自己。

尝试做到这几点，"我是谁"的答案便会逐渐清晰。

大脑深度认知的潜力

人的大脑是这个世界上非常神奇和精密的存在。脑神经科学近年来发展迅速，但许多大脑运转的机密依旧没有被揭开。

大脑认知的潜力和深度在哪里，是我们在未来的教育中需要去关注和探索的。

在第一次读埃隆·马斯克传记的时候，我最为惊讶的是他在年少时的阅读速度和阅读量，以及在青少年时期的思考维度和高度。包括他现在做的事情，不管是太空探索技术公司（SpaceX）、特斯拉，还是做脑机接口的 Neuralink 公司，都超出了大家的想象。这也是为何他在美国经常被称为"神"。

人类历史上涌现过无数超越大家想象的艺术和科学探索，这些探索正是人类大脑潜能的展现。

我们的孩子也有这样一颗神奇的、有潜力的大脑。所以，我们要做的是开发孩子大脑的潜能，而不是破坏它。

作为人的情绪和感受

"人"的独特之处，大约是有情绪和感受。喜怒哀乐伴随我们成长的每个阶段。虽然有些动物也有情绪，但不会像人类的情绪感受这么复杂。心理学家通过研究发现，人类的情绪可以分为 27 组，而具体的细节情绪可多达 500 种。

在孩子的成长过程中，识别情绪、表达情绪、管理情绪成为重要的学习内容。

值得注意的是，积极的情绪会促进个体的学习和成长，消极的情绪或者没有被好好管理的情绪会影响个体的发展。

和他人的深度联结和爱

管理学大师、麻省理工学院资深教授彼得·圣吉教授在《三重专注力》中提到："在互联网时代，大家越来越需要三种力量，那就是专注于内心、专注他人、专注系统的力量。这三种力量是一个人可以在互联网时代，进行深挖、拓展的基石。"

在互联网时代，看似大家的联系更加便捷和快速了，但人们对于深层次的、面对面的联结会越来越渴求。在未来，一个能够理解他人情绪、情感，善于与他人沟通和联系的人，在社会的协作和发展中会因为与他人联结而更加幸福。

这也许是为何在很多关于未来工作的预测中，可以被机器随时替代的是体力劳动和部分脑力劳动，而情绪劳动，会在未来成为更加重要的、不可替代的工作。

情绪劳动者是可以通过和他人联结来支持他人成长、发展与潜能开发的人。他们用的不是技术，而是情绪和情感的力量。情绪劳动者可以是心理咨询师、教师、教练等，注重人和人之间的联系。

全世界面向未来教育的思考

2002 年，美国教育组织发布了 21 世纪的核心能力：

创造与创新能力（Creativity and Innovation）、批判性思维与问题解决能力（Critical Thinking and Problem – Solving）、沟通交流能力（Communication）、团队协作能力（Collaboration），被称为 4C 未来发展模型。

也就是说，通过对社会发展的研究，我们认为在未来，一个人才需要具备这四项核心能力。同时，4C 能力也与一个人的深度学习能力相关。

欧洲也提出了终身学习的关键能力框架。

四个主要目标是：

自我实现

积极的公民意识

社会凝聚力

知识社会的就业能力

相对应的八项能力是：

母语交流能力

外语交流能力

数学能力与基本的科学技术能力

数字技术应用能力

学会学习

社会性与社交能力

主动性与企业家精神

文化意识与文化表达

对照这八项核心能力，可以发现，现在的学校所关注和发展的方面很难涵盖这些在未来非常关键的能力。这时候，家庭教育的重要性就凸显出来了。

我们可以想一想，孩子在什么时间、什么地方可以锻炼到这些能力呢？

关于未来，家庭可以做的

第一，培养孩子的双语阅读能力。

在《朗读手册》一书中，作者吉姆·崔利斯提出："阅读是教育的核心，几乎每一科知识都需要通过阅读来学习。我们必须先会阅读数学题目才能了解题意；能读懂社会学科或者自然学科的课文，才能回答每个章节后的问题。"

其实，这是阅读非常务实的作用。阅读是学习的路径和方式。

在一个孩子的成长中，阅读可以是一种学习方式，更可以是一种成长方式。阅读经典的文学作品，是一个人理解人性的过程；阅读社科历史方面的巨著，是一个人理解世界的路径；阅读方法论的书目，是一个人快速学习的方式。

阅读可以改变一个人的口头和书面的表达能力，也会影响一个人的沟通能力。

从这个角度来看，阅读在一个人的成长中，既是一种物质支持，又是一种精神补给。既务虚，又务实。

那么，为何在这里我提倡锻炼双语阅读能力呢?

在我十几年的英语教学和研究过程中，发现拥有双语能力的孩子，在认知速度和方式上，会优于只会单一语言的孩子。这在美国的学术研究中也得到了印证。双语者的思维能力和认知学习能力，都会更有韧性和宽度。

中文阅读可以帮助孩子深化对中国文化的理解，以及中文的使用能力。英语阅读，具有以下两个方面的重要作用。

一是能够大大帮助我们增强获取信息的能力。英语是全球性的语言，全球的书籍中有 22% 是英语印刷的，而中文只占 11%。学术期刊中 45% 使用英语，英语报纸杂志等占 63%。

二是通过引导孩子阅读英语原版书，可以培养他独立阅读、深度阅读的能力。在家庭中，从小开启原版绘本的亲子阅读，逐步过渡到纯文字故事书的阅读，能够很好地支持孩子进入独立阅读者之列。

第二，培养孩子深度学习一门外语的能力。

深度学习一门外语，是指可以通过一门外语和他人进行深度的沟通，能够自主阅读和表达。

在这一点上，只靠在学校学非常难达到这种程度，所以，家庭中要制订更高目标的外语学习规划。

首先要厘清的几个点是：

1. 孩子为何学习外语？只是为了应付学校考试，还是想要提高使用能力？

2. 在学习外语的过程中，有哪些关键期？

3. 家长和兴趣班在这个过程中扮演着怎样的角色？

对于未来社会的人才来说，真正的语言使用能力才是关键。可以用外语进行流利的沟通和表达、获取一手资料的人，在未来的社会中必然脱颖而出。

语言认知发展学认为，孩子 6 岁之前是语音、语感的发展关键期。这个阶段的孩子，对音律非常敏感，大量听音频故事、歌谣等，可以为孩子地道的发音与理解奠定良好的基础。6~10 岁，是阅读的积淀期，正如中文学习一样，外语学习也需要大量原版书的输入积累。

家长要抓住这些关键期，提升孩子的外语能力。

家长需要挖掘互联网上的资源，寻找专注于阅读能力搭建，而不是以提升成绩为目标的课程来支持孩子进行专业的阅读训练。

第三，培养企业家精神。

企业家精神指的是，当一个人有自己的理想和目标时，能够积极寻找解决方案，通过自己的沟通和协调能力将目标变成现实的能力。

企业家精神在美国的教育研究界成为大家关注的重心，是因为在技术急速发展的时代，创造力、创新能力等提法层出不穷，而真正能够把想法变成现实，并在这个过程中不断学习和不断挑战的状态，则是稀缺能力。

值得注意的是，企业家精神并不仅仅指在创业过程中体现出来的精神和能力。在日常生活中，孩子面对一件小事的时候，能够主动寻找资源去实现他的目标，也是一种企业家精神。大到完成一个创业项目，小到完成一个学习项目，具有企业家精神的人，可以在不确定的过程中，不断学习和探索，最终达到自己的目标。

这种能力和思维模式是未来社会非常需要的。

第四，培养与不同的人协作的能力。

协作能力虽然看似简单，但其实大有学问。如何与不同性格、不同能力的人一起协作，完成一件事情，是一个人在工作和生活中需要掌握的一项重要能力。

在我们传统的教育模式中，家长常常引导孩子成为"第一名"。因此，孩子的竞争意识非常强，也很少有时间和机会去与其他人协作完成一件事情。这样的孩子，在工作之后，很容易成为"独狼"，在某些领域也许可以独立完成某项工作，但却不能不断拓展自己，与他人一起协作，完成更大的目标。

与他人协作，不仅仅是合作完成一件事情，还是在面对一个更大的挑战时，能够互相支持，相互认同，不断给予彼此鼓励的过程。这样的过程是一个人能够面对困难的强大支撑。竞争性太强的孩子，不容易从其他人那里获得支持，也不容易聚集一起合作的人。

在家庭中，家长可以寻找机会，给孩子创造与其他孩子、其他大人交流的机会。比如，组织和其他家庭一起旅行，一起阅读等。

也可以和孩子一起规划旅行、协作下厨、发起朋友聚会等。给孩子参与的时间和任务，并帮助他们在这个过程中学会交流和协作。

长远规划，成为自己

《三联生活周刊》在 2020 年做了一期特别好的主题——"不确定的世界"。疫情似乎一下子将大家的生活按下了暂停键，抗疫前线的一些故事也在影响着我们对很多事情的看法。现在是不确定的，未来也是不确定的。在这种不确定性中，教育该何去何从？每个个体该有怎样的思考和准备呢？

在家庭中，对孩子成长视角的转化非常关键。孩子是一个人，而不是一台学习机器。一个能够乘风破浪的个体，是有安全感、有勇气去探索自我与世界的人。

在家庭中，家长如何做才能支持孩子进行自我认知和世界探索呢？其实有三个清晰的关键词：兴趣，激情，使命感。

这三个词其实在本书的不同章节都有讨论。在这里，我们将把孩子的发展阶段与这几个关键词联系起来。

儿童时期：关注兴趣

从发展心理学家的研究来看，每个孩子都会在不同的方面表现出自己的兴趣和天赋。观察孩子的兴趣，并支持孩子的兴趣发展，是家长可以做的非常好的支持。

比如，有的孩子喜欢音乐，有的孩子喜欢跳舞，有的孩子喜欢画画。观察孩子的兴趣，并提供更多的机会和资源去支持孩子在这个方面的发展，可以帮助孩子把自己的兴趣发展为激情。

青少年时期：发展激情

激情是指一个人对一件事情或者一项技能有持续的投入和热爱。青少年时期是发展激情的关键期。而激情的发展，往往来源于一个人儿童时期的学习和生活经历。如果一个喜欢画画的孩子，在儿童时期得到很好的引导，那么在青少年时期，画画很可能成为他自我认知和成长的重要把手，并成为一件让他特别有激情的事情。

当孩子发现自己特别喜欢某个方向，并在这个方向投入了非常多的时间，作为家长，应该给孩子时间和空间去探索自己的激情，而不是因为学习和考试而压制他。

探索到激情的青少年，往往可以将这份激情转化为与这个世界联结的使命感。

成年时期：寻找使命感

使命感其实是一个人通过喜欢的事情与世界联系的一种

方式。一个人能够从做一件事情中获得快乐，同时能够对世界和他人产生积极影响，便会产生极强的意义感。这种意义感会让一个人不管处于顺境还是逆境，都坚持不懈。

很多家长担心孩子喜欢的东西，并不是"热门的"。而社会在急速发展，谁也不能确定什么是"热门"。追随"热门"只能让孩子寻找不到自己真正热爱的东西，从而失去强大的生命活力。

同时，如果大家观察不同领域真正的高手，会发现，他们都是因为喜欢才逐步积累，进而厚积薄发，产生影响。因为喜欢而愿意不断学习和精进，其实是一个人锻造真正能力的过程。

面对不确定性，终身学习

未来世界的工作方式和生活状态，不会再是以往的稳定状态。只有真正追逐自己喜欢的事情，并在社会发展的浪潮中保持开放的心态和接纳变化的状态，才能立在潮头。

未来二三十年后的社会变化，我们很难预知。唯有引导孩子认识自己、武装自己、终身学习，才是面对巨大不确定性的正确方式。

从家长的角度来说，社会发展的不确定性，与孩子发展的不确定性叠加在一起，是非常有挑战性的。面对不确定性，焦虑是正常的反应。而如何面对焦虑，则是影响孩子成长的一大因素。

那么，对抗教育焦虑的好方法是什么呢？

第一，将孩子的成长，以及我们作为家长或老师的过程，都看作是一个长期的、不确定的过程，需要开放学习和讨论。

太多的焦虑都来源于"我是成年人，所以我认为我的孩子这样做是错的"。而时代不同，个体成长的经验也不一样，成年人无权去"评判"孩子的成长方式是错误的还是正确的。

我们需要的是谦虚、慎行，深刻地学习和思考，在实践中，开放而互动。

第二，锻炼自我成长的"肌肉"。

有很多成年人只在服务于一个角色——父母。而一个独立成熟的个体，一定是拥有多维角色的。自我的独立和成熟是立足之本。

一个没有自我追求、不进行思考的个体，无法和另外一个想要成长独立的个体形成真正的互动关系。

所以，即使是家长和孩子，也要互相尊重，这才是健康关系的开始。在焦虑的时候，不妨多行动，看看自己是否可以成为自己特别喜欢的样子。

面对孩子，要从长远去看待教育的本质。在当下，以孩子的兴趣与激情为规划主轴，培养开放的终身学习能力，才是让孩子成长为一名强大学习者的法宝。

家长实践小帮手

1. 通过反思自己的学习和工作经历，梳理自己对孩子的教育目标。
   比如，如果家长在职业选择的过程中，发现兴趣（激情）是非常重要的，那么就会加大对孩子兴趣的培养和支持，而不再跟自己的父母一样，替孩子选择专业。
2. 通过对本书的阅读和思考，明确在孩子的小学、初中和高中阶段，哪些能力是核心能力，可以通过怎样的方式来支持这些能力的发展。
3. 和孩子讨论对学习本身的认知，如何进行学科学习，未来的学习目标是什么等。相信孩子有自己的思考和理解。
4. 在孩子的升学过程中，抓住主要目标，不被一次考试成绩所影响。

后　记
终身学习是面对不确定性的成长方式

在写这本书的时候，正值新型冠状病毒疫情暴发。有一段时间，我没有办法动笔写作。

作为一名教育者，一名在一线深耕多年的英文老师，一名推动全英文阅读的创业者，在疫情发生的前几天，感受到的唯有无力。

在无力感蔓延的几天里，我甚至希望自己在高中时代选择的是理科，成为一名医生，在前线跟疫情战斗。又或者，成为一名科研工作者，在实验室里帮助人类弄清楚这种病毒的机理。

而当无力感蔓延的时候，我也突然发现，原来这个世界的运转并不是独立和单一的。在网上买菜可以减少病毒传染，送货员在这时候就成为非常重要的角色；在校友群里自愿协调物资，懂得物资质量和物流的人，发挥了巨大的作用；在给孩子们上课的时候，很多孩子表达了对疫情的恐惧，带他们看视频，了解病毒后，他们说没有那么害怕了。

在这样的时刻，作为一名教育者，我希望学生在未来的学习中，对学习能够有两个认识。

第一，人在社会中是和其他人紧密联系的。因而，我们应该尊重不同的职业，不同的技能，有助于社会有机发展的不同状态。教育不是只培养从事一种职业的人。不是每个人都要成为律师或者医生，如果是那样，社会将无法有效、有机地运转。

第二，每个人都应该具有独立学习和思考的能力。比如在疫情恐慌的时候，各种信息、各种传言扰乱着人的心。而此时最重要的是能够识别出真实的、有证据的信息，了解事实真相。这时候，科学思维就起到了极其重要的作用。

这样思考之后，我轻松了许多。作为一名教育工作者，我在自己的工作中发挥着作用，其他行业的人在他们热爱和适合的岗位中，也发挥着独特的作用。

于是，我又信心满满地开始了全英文阅读课程。看到孩子们的创意、情感和信心，我对教育本质的认知又更深了一层。

再次提笔写书的时候，我记起肯·罗宾逊爵士在他著名的 TED 演讲中讲过的一个例子：

一个叫吉莉安的小姑娘，在学校学习时总是出现问题，因为她没有办法安安静静地坐在教室里听老师讲课。她要么经常迟到，要么无法完成作业，上课还会扰乱其他同学的学习。小姑娘的妈妈带着她去看医生，给医生列举了种种她学习有问题的例子。这时候，医生说，"我听到你说的了，我需要和吉莉安单独待一会儿，然后马上回来。"随后，医生带着吉莉安进入一个有音响的办公室，打开音响播放音乐，然后留她在那里，自己走到外面，和妈妈站在一起。吉莉安听到音乐，就开始挪动脚步，舞动起来。

这时候，医生对吉莉安的妈妈说："你的女儿没有生病，她是一名舞蹈家。"

如此简单的一句话，却让我不禁泪流满面，内心对这位医生充满了崇高的敬意，同时，又为很多被医生诊断为"学习困难症"或者"多动症"的孩子们而惋惜。

每一个孩子天生都是不一样的，有着不同的天赋，不同的学习方式，会对不同的事物产生热情。我们不能试图用同一种方式让每一个孩子都变成"学霸"。如果仅以成绩好坏为标准来评判一个孩子，那么孩子没有办法笃定自己的天赋和热情是可以被未来的生活所支持的。丧失内驱力和信心的孩子，会逐渐地萎靡。

这也是为什么，在我从学生成为老师后的十几年里，有一个问题一直在激发着我不断地去学习和观察："为什么原本一个好奇心强的孩子，在进入学校之后，会变得不爱学习，甚至迷茫？"

这个问题带领我进入人类发展学这个研究方向。我希望理解一个人在不同阶段的发展规律，在此基础上，再去发现学校教育到底起着何种作用。

通过研究，我发现有三条人类发展的规律和现代教育模式是相斥的。

第一，人是天生的学习者。通过观察婴孩，我们可以发现，人类从出生开始，就是学习者。通过听声音、触摸物品、尝试站立，通过犯错、跌跤等，每天进行着各种学习和探索。而学校教育的前提假设是，孩子的学习是需要后天刺激的，考试分数可以给出评判。分数高的同学，会得到奖励，分数低的同学，可能会受到惩罚。而外在的驱动力越强，内驱力就会越弱。原本天生的学习者，便成了被推着走的不喜欢学习的孩子。

第二，人的天赋是多元的。不同的孩子会对不同的事情感兴趣，有各自擅长的东西。有的孩子特别喜欢动手做东西，有的孩子喜欢画画，有的孩子喜欢舞动身体。所以，如果只关注孩子是否学好了数学、英语、语文，那么孩子多元的天赋很可能就会被荒废了。当我听到一个从小就喜欢画画并擅长画画的孩子在进入初中之后说"我不画画了，因为我得补数学"时，我的内心无比的痛，因为这个孩子没有了画画时的快乐和自信。

第三，人的发展是曲折而未知的。虽然人类发展学研究的是人类在不同阶段的发展规律，但前提是对人类发展复杂性的承认。人类发展学并不想给人们提供一个生活成长的样板，而是希望看到在理解规律之上的个性化。而当下教育的急躁就在于，因为未来具有不确定性，所以每个人都想寻找一个模板化的"成长路径"。这种思维最大的害处就是，在家长试图给孩子寻找最安全的路线时，孩子失掉了试错探索的时间和空间。没有了自己的探索，孩子就无法成为真正的自我。

如果写这本书有一点什么价值和意义，我不想在一条条的"金科玉律"中再增加一条，而是想根据自己多年的一线实践和对人类发展学的研究，发出一点点声音，那就是：

真正的教育应该是帮助每个个体焕发自己的热情，让个体拥有不断探索、敢于失败的精神，并向着自己相信的目标不断前行的教育。

我们不应该将学习局限于学习某个科目和考试，也不应该局限于大脑层面的智力活动，更不应该局限于当下的学习。

我们应该尊重孩子的兴趣，把孩子看作一个有情绪、有意志、有热忱的活生生的个体，给他提供认识自我的机会和时间，给他犯错的机会，让他在不断的犯错中，发展出解决问题的能力和态度。

只有这样的教育才能培养出内心热忱、不断进行自我挑战的个体。

这样的个体，不管在怎样的社会和时代，都会拥有丰富的内心和强大的行动力。

而最值得强调的是，你的孩子也是可以这样的。

希望所有的家长无限相信自己的孩子！

参考文献

[1] 戴蒙. 人生观培养：父母最长情的告白 [M]. 张凌燕，译. 北京：机械工业出版社，2015.

[2] 达克沃斯. 坚毅：释放坚持与激情的力量 [M]. 安妮，译. 北京：中信出版社，2017.

[3] 米歇尔. 棉花糖实验：自控力养成圣经 [M]. 任俊，闫欢，译. 北京：北京联合出版公司，2016.

[4] 艾利克森. 刻意练习：如何从新手到大师 [M]. 王正林，译. 北京：机械工业出版社，2016.

[5] 罗宾逊. 让天赋自由 [M]. 李慧中，译. 杭州：浙江人民出版社，2017.

[6] 罗宾逊. 让学校重生 [M]. 李慧中，译. 杭州：浙江人民出版社，2017.

[7] 珀金斯. 为未知而教，为未来而学 [M]. 杨彦捷，译. 杭州：浙江人民出版社，2015.

[8] 高普尼克. 园丁与木匠 [M]. 刘家杰，赵昱鲲，译. 杭州：浙江人民出版社，2019.

[9] 邱昭良. 复盘＋：把经验转化为能力 [M]. 北京：机械工业出版社，2018.

[10] 西格尔. 青春期大脑风暴：青少年是如何思考与行动的 [M]. 黄珏苹，译. 杭州：浙江人民出版社，2015.

[11] 斯蒂克斯鲁德，约翰逊. 自驱型成长：如何科学有效地培养孩子的自律 [M]. 叶壮，译. 北京：机械工业出版社，2020.

[12] 崔利斯. 朗读手册 [M]. 陈冰，译. 北京：新星出版社，2016.

[13] 费曼. 发现的乐趣 [M]. 朱宁雁，译. 北京：北京联合出版公司，2018.

[14] 扬. 如何高效学习 [M]. 程冕，译. 北京：机械工业出版社，2013.